tapas, mezze & an...

maraboutchef

sommaire

un petit goût de Méditerranée	4
dips	6
légumes	20
produits de la mer	42
viandes et volailles	66
fromage	100
glossaire	114
index	119

Chacun de ces petits plats appelés au choix tapas, antipasto ou mezze est né dans les régions bordant la mer Méditerranée. De l'Espagne à la Turquie, en passant par l'Italie et la Grèce jusqu'au Moyen-Orient, ces mets de choix, qui sont autant d'exemples de la cuisine locale, témoignent d'un art de vivre particulier. Pour les habitants de ces régions du monde, manger est un acte social, très souvent accompli dehors grâce au soleil et au climat chaud et sec qui y règnent la plupart de l'année. Assis à la terrasse d'un café, ou sous une vigne vierge, autour d'un verre, on discute des événements de la journée… Ces moments ne seraient pas les mêmes s'ils n'étaient pas accompagnés de ces petits mets savoureux que l'on déguste bouchée par bouchée, avec un plaisir partagé.

Tapas, antipasto et mezze permettent également de combler le petit creux de la fin d'après-midi dans ces pays où la sieste et les journées de travail qui finissent tard font que l'on ne dîne pas avant 21 ou 22 heures. Cette tradition culinaire d'Europe du Sud se répand à présent dans le nord de l'Europe et de l'Amérique grâce aux voyages et migrations. Et qui n'apprécie pas de se retrouver assis à une table couverte de plats simples et délicieux, un verre à la main, avec ses amis, et de goûter à une bouchée par-ci et une cuillerée par-là ? Les recettes présentées dans ce livre sont facilement réalisables chez vous et sont parfaites pour être servies en soirée. Les combinaisons sont multiples et offrent toute une gamme de saveurs tentantes et de textures complémentaires. Des petits plats pour une explosion de saveurs, et des invités qui ont envie de s'éterniser chez vous…

UN PETIT GOÛT DE MÉDITERRANÉE

dip de haricots blancs et croustillants de pita

préparation 10 minutes **cuisson** 8 minutes **pour** 1 bol

1 gousse d'ail pilée

5 ou 6 branches de persil plat frais effeuillées

400 g de haricots blancs en boîte, rincés et égouttés

1 c. à c. de cumin moulu

80 ml d'huile d'olive

6 pains pita coupés en six

1. Préchauffez le four à 200 °C ou 180 °C pour le four à chaleur tournante.
2. Mixez l'ail, le persil, les haricots et le cumin pour obtenir une purée. Ajoutez ensuite l'huile en fin filet tout en continuant de mixer pour obtenir une pâte lisse.
3. Placez les morceaux de pita sur une plaque légèrement huilée et faites-les cuire au four 8 minutes environ pour qu'ils dorent légèrement.
4. Servez le dip de haricots avec les morceaux croustillants de pains pita.

pour 1 cuillerée à soupe 5,5 g de lipides ; 493 kJ (118 cal)

DIPS

trio de dips

Ces trois dips se conservent jusqu'à trois jours au réfrigérateur, couverts d'une fine couche d'huile d'olive. Vous pouvez les servir avec un assortiment de légumes et de gressins.

pistou (dip au basilic)

préparation 5 minutes **pour** 1 bol

100 g de feuilles de basilic frais
160 ml d'huile d'olive
1 gousse d'ail coupée en quatre
2 c. à c. de zeste de citron finement râpé
2 c. à c. de parmesan finement râpé

1. Mixez tous les ingrédients jusqu'à obtention d'une pâte lisse.
pour 1 cuillerée à soupe 12,6 g de lipides ; 481 kJ (115 cal)

tapenade (dip aux olives)

préparation 5 minutes **pour** 1 bol 1/2

300 g d'olives noires dénoyautées
2 c. à s. de câpres rincées et égouttées
1 gousse d'ail coupée en quatre
2 c. à s. de jus de citron
1 c. à s. de persil plat frais
80 ml d'huile d'olive

1. Mixez ou écrasez tous les ingrédients jusqu'à obtenir une pâte lisse.
pour 1 cuillerée à soupe 4,2 g de lipides ; 230 kJ (55 cal)

anchoïade (dip aux anchois)

préparation 5 minutes **pour** 1 bol

40 filets d'anchois égouttés
1 c. à s. de jus de citron
2 gousses d'ail coupées en quatre
3 c. à c. de feuilles de thym citronné
80 ml d'huile d'olive
2 c. à s. d'eau chaude

1. Mixez ou écrasez les anchois avec le jus de citron, l'ail et le thym pour obtenir une pâte lisse. Ajoutez l'huile d'olive en fin filet tout en continuant de mixer jusqu'à ce que la pâte s'épaississe. Versez dans un bol et ajoutez l'eau chaude en remuant.
pour 1 cuillerée à soupe 7,3 g de lipides ; 330 kJ (79 cal)

baba ganoush (dip aux aubergines)

préparation 15 minutes **cuisson** 30 minutes + refroidissement **pour** 2 bols

2 grosses aubergines (1 kg)
3 gousses d'ail pilées
2 c. à s. de tahini
60 ml de jus de citron
2 c. à s. d'huile d'olive
1/2 c. à c. de paprika doux

1. Préchauffez le four en position gril.
2. Piquez les aubergines avec une fourchette ou une brochette, placez-les sur une plaque légèrement huilée et enfournez-les environ 30 minutes, en les retournant de temps en temps, jusqu'à ce qu'elles soient tendres et leur peau noire. Laissez refroidir 15 minutes.
3. Pelez les aubergines, jetez la peau et faites dégorger la chair dans une passoire pendant 10 minutes. Mixez l'aubergine avec les autres ingrédients.
pour 1 cuillerée à soupe 8 g de lipides ; 431 kJ (103 cal)

guacamole

préparation 10 minutes **pour** 2 bols 1/2

3 avocats moyens (750 g)
1/2 petit oignon rouge (50 g) finement émincé
1 petite tomate oblongue (60 g), épépinée et coupée en dés
1 c. à s. de jus de citron vert
5 ou 6 branches de coriandre fraîche ciselées

1. Écrasez les avocats dans un bol, ajoutez les autres ingrédients et mélangez.
pour 1 cuillerée à soupe 4 g de lipides ; 159 kJ (38 cal)

dip d'épinards à la turque

préparation 10 minutes **cuisson** 10 minutes + refroidissement et réfrigération **pour** 2 bols

1 c. à s. d'huile d'olive

1 petit oignon (80 g) finement haché

1 gousse d'ail pilée

1 c. à c. de cumin moulu

1/2 c. à c. de curry en poudre

1/4 de c. à c. de curcuma moulu

100 g de pousses d'épinards lavées, coupées en fines lanières

500 g de yaourt ferme

1. Faites chauffer l'huile dans une poêle de taille moyenne et faites-y revenir l'oignon et l'ail, en remuant, jusqu'à ce que l'oignon soit tendre. Ajoutez les épices, faites chauffer jusqu'à ce que le mélange embaume. Ajoutez les épinards, faites cuire, en remuant, jusqu'à ce que les épinards flétrissent. Placez le mélange dans un bol de service et laissez refroidir.
2. Ajoutez le yaourt, couvrez et placez 1 heure au réfrigérateur.
3. Servez le dip froid, accompagné de pain pita grillé.

pour 1 cuillerée à soupe 1,5 g de lipides ; 100 kJ (24 cal)

fromage frais au piment doux

préparation 5 minutes **pour** 2 bols

250 g de fromage frais
120 g de crème fraîche
125 ml de sauce au piment douce
5 ou 6 branches de coriandre fraîche grossièrement ciselées

1. À l'aide d'un batteur électrique, mélangez le fromage frais, la crème fraîche et la sauce au piment dans un petit récipient pour obtenir une pâte homogène. Ajoutez la coriandre.
2. Servez ce dip avec des lamelles de poivron.

pour 1 cuillerée à soupe 5,6 g de lipides ; 251 kJ (60 cal)

houmous

préparation 10 minutes **pour** 2 gros bols

600 g de pois chiches en boîte, rincés et égouttés
2 c. à s. de tahini
80 ml de jus de citron
3 gousses d'ail coupées en quatre
60 ml d'eau
125 ml d'huile d'olive

1. Mixez ou écrasez les pois chiches avec le tahini, le jus de citron, l'ail et l'eau pour obtenir une pâte presque homogène. Ajoutez l'huile d'olive en fin filet tout en continuant de mixer jusqu'à obtenir une pâte lisse.
2. Vous pouvez servir l'houmous avec des bâtonnets de carottes.

pour 1 cuillerée à soupe 5,4 g de lipides ; 268 kJ (64 cal)

dip au bleu et oignon caramélisé

préparation 20 minutes **cuisson** 15 minutes + refroidissement **pour** 2 bols

- 1 c. à s. d'huile d'olive
- 1 oignon moyen (150 g) finement haché
- 1 poire moyenne (230 g) coupée en morceaux
- 150 g de mayonnaise
- 125 ml de crème fraîche
- 150 g de bleu danois ou autre fromage bleu de votre choix

1. Faites chauffer l'huile dans une poêle de taille moyenne et faites-y revenir l'oignon pendant 10 minutes sans cesser de remuer jusqu'à ce qu'il brunisse et soit légèrement caramélisé. Ajoutez la poire, faites cuire 5 minutes puis laissez refroidir.
2. Mixez la mayonnaise, la crème et le fromage pour obtenir un mélange lisse, versez dans un bol de service et ajoutez l'oignon et la poire.
3. Servez à température ambiante avec des tranches de pain de seigle grillées.

pour 1 cuillerée à soupe 7,1 g de lipides ; 334 kJ (80 cal)

dip au crabe

préparation 10 minutes **pour** 2 bols

- 200 g de fromage frais
- 75 g de mayonnaise
- 2 c. à s. de jus de citron vert
- 1 c. à s. de sauce chili douce
- 1 cornichon finement haché
- 340 g de chair de crabe en boîte, égouttée et émiettée
- 2 c. à s. de coriandre fraîche finement ciselée

1. À l'aide d'un batteur électrique, mixez le fromage frais, la mayonnaise, le jus de citron vert et la sauce pour obtenir un mélange homogène. Versez-le dans un bol de service et ajoutez les ingrédients restants.
2. Servez le dip frais avec des tranches de pain grillé.

pour 1 cuillerée à soupe 3,8 g de lipides ; 205 kJ (49 cal)

DIPS

dip à la ricotta et aux olives vertes

préparation 5 minutes **pour** 1 bol

100 g de ricotta allégée

40 g d'olives vertes dénoyautées, finement émincées

1 gousse d'ail pilée

1/2 bouquet de ciboulette fraîche ciselé

5 ou 6 branches de persil plat frais ciselées

1 c. à c. de zeste de citron finement râpé

1 c. à s. de jus de citron

1 Mélangez tous les ingrédients dans un bol.
2 Servez accompagné de bâtonnets de carottes.
   pour 1 cuillerée à soupe 1 g de lipides ; 75 kJ (18 cal)

dip à la betterave

préparation 5 minutes **pour** 2 bols 1/2

850 g de cubes de betterave sous vide

1 gousse d'ail coupée en quatre

60 g de crème fraîche

1 c. à s. de tahini

1 c. à s. de jus de citron

1 Mixez ou écrasez les ingrédients pour obtenir une pâte homogène.
2 Vous pouvez servir ce dip avec des crackers de blé complet.
   pour 1 cuillerée à soupe 1,2 g de lipides ; 88 kJ (21 cal)

fleurs de courgettes farcies au risotto

préparation 50 minutes **cuisson** 50 minutes **pour** 48 fleurs

250 ml de vin blanc sec

500 ml de bouillon de légumes

125 ml d'eau

1 c. à s. d'huile d'olive

1 petit oignon (80 g) finement émincé

1 gousse d'ail pilée

200 g de riz arborio

150 g de champignons de Paris finement émincés

2 feuilles de bette (160 g) parées, finement hachées

20 g de parmesan râpé

48 petites courgettes avec leur fleur

1. Mélangez le vin, le bouillon et l'eau dans une casserole, portez à ébullition et laissez frémir à couvert.
2. Pendant ce temps, faites chauffer l'huile d'olive dans une grande poêle, faites-y revenir l'ail et l'oignon, en remuant, jusqu'à ce que l'oignon soit tendre. Ajoutez le riz et remuez pour l'enrober d'oignon et d'huile. Versez 250 ml de bouillon chaud, remuez et faites cuire à feu doux jusqu'à ce que le liquide soit absorbé. Répétez cette opération plusieurs fois jusqu'à ce que le riz soit tendre. Le temps de cuisson total du riz est de 35 minutes environ.
3. Ajoutez les champignons et les bettes, mélangez et poursuivez la cuisson jusqu'à ce que les champignons soient tendres. Ajoutez le parmesan.
4. Ôtez et jetez les étamines des fleurs, remplissez-les de risotto et tordez le haut des pétales pour les fermer.
5. Faites cuire les courgettes et leurs fleurs, en plusieurs fois, sur un gril en fonte chaud et huilé (ou sous le gril du four ou au barbecue) jusqu'à ce que les courgettes soient tendres et le risotto réchauffé.

par fleur 0,7 g de lipides ; 121 kJ (29 cal)

LÉGUMES

trio d'asperges

préparation 10 minutes **cuisson** 15 minutes **pour** 6 personnes

asperges à l'ail et aux anchois

200 g d'asperges parées
2 c. à s. d'huile d'olive vierge extra
1 gousse d'ail coupée en fines lamelles
3 anchois égouttés, coupés en morceaux
poivre noir fraîchement moulu

1. Préchauffez le four à 200 °C ou 180 °C pour le four à chaleur tournante.
2. Placez les asperges dans un plat peu profond allant au four et recouvrez-les du mélange d'huile d'olive, d'ail, d'anchois et de poivre. Remuez les asperges pour les enrober de sauce.
3. Faites-les cuire 5 minutes jusqu'à ce qu'elles soient tendres.

par portion 6,3 g de lipides ; 272 kJ (65 cal)

asperges au beurre et au parmesan

200 g d'asperges parées
20 g de beurre doux fondu
2 c. à s. de copeaux de parmesan
1/2 c. à c. de poivre noir fraîchement moulu

1. Faites cuire les asperges dans de l'eau bouillante, à la vapeur ou au micro-ondes.
2. Servez-les avec un filet de beurre fondu, parsemées de copeaux de parmesan et de poivre.

par portion 3,5 g de lipides ; 171 kJ (41 cal)

asperges au vinaigre balsamique

200 g d'asperges parées
1 grosse tomate (220 g) coupée en dés
2 c. à s. d'huile d'olive vierge extra
3 c. à c. de vinaigre balsamique
1/2 c. à c. de poivre noir fraîchement moulu
1 c. à s. de petites feuilles de basilic

1. Faites cuire les asperges sur un gril en fonte légèrement huilé (ou sous le gril du four ou au barbecue) pendant 5 minutes jusqu'à ce qu'elles soient juste tendres.
2. Servez-les recouvertes du mélange de tomates, d'huile, de vinaigre et de poivre. Parsemez de basilic.

par portion 6,1 g de lipides ; 280 kJ (67 cal)

mini frittatas aux courgettes

préparation 20 minutes **cuisson** 15 minutes **pour** 24 frittatas

4 œufs

120 g de crème fraîche

2 c. à s. de ciboulette fraîche finement ciselée

1 petite courgette jaune (90 g) râpée

1 petite courgette verte (90 g) râpée

2 c. à s. de parmesan finement râpé

1 c. à s. de ciboulette fraîche ciselée, supplémentaire

1 Préchauffez le four à 180 °C ou 160 °C pour le four à chaleur tournante. Huilez 24 petits moules à muffins (30 ml).
2 Battez les œufs avec deux tiers de la crème fraîche pour obtenir un mélange homogène. Incorporez la ciboulette, les courgettes et le fromage.
3 Répartissez la pâte dans les moules. Faites cuire les frittatas à découvert pendant 15 minutes puis retournez-les sur une grille pour qu'elles refroidissent. Décorez-les avec la crème fraîche restante et la ciboulette avant de servir.

par frittata 3,1 g de lipides ; 142 kJ (34 cal)

cœurs d'artichaut en vinaigrette au vin blanc

préparation 45 minutes **cuisson** 30 minutes + refroidissement **pour** 4 personnes

1 citron moyen (140 g) coupé en quartiers

20 petits artichauts (2 kg)

500 ml de vin blanc sec

1/2 bouquet de thym frais effeuillé

5 gousses d'ail non pelées

125 ml de jus de citron

2 c. à c. de fleur de sel de mer

250 ml de vinaigre de vin blanc

500 ml d'eau

1 c. à s. d'huile d'olive vierge extra

1 Découpez un morceau de papier sulfurisé de la taille d'une grande casserole.
2 Placez les quartiers de citron dans un grand saladier à moitié rempli d'eau froide.
3 Ôtez les feuilles extérieures des artichauts et coupez la pointe des feuilles restantes, lavez et pelez les tiges et placez les artichauts dans le récipient avec le citron.
4 Dans une casserole, mélangez le vin, le thym, l'ail, le jus de citron, le sel, le vinaigre et l'eau. Égouttez les artichauts et placez-les dans la casserole. Couvrez avec le papier sulfurisé et portez à ébullition. Laissez frémir à couvert pendant 25 minutes jusqu'à ce que les artichauts soient tendres. Laissez refroidir 30 minutes. Conservez 125 ml du liquide de cuisson et mélangez-le avec l'huile (jetez le reste du liquide).
5 Coupez les artichauts en deux dans le sens de la hauteur. Retirez les poils à l'aide d'un petit couteau. Répartissez les cœurs dans les assiettes de service et nappez d'un filet de liquide de cuisson.

par portion 5,5 g de lipides ; 912 kJ (218 cal)

pakora de pois chiches et raïta à la coriandre

préparation 25 minutes **cuisson** 15 minutes **pour** 24 pakoras

225 g de farine de pois chiches
1/2 c. à c. de bicarbonate de soude
180 ml d'eau
2 c. à c. d'huile végétale
2 gousses d'ail pilées
1/2 c. à c. de curcuma moulu
1/2 c. à c. de graines de cumin
1 c. à c. de cumin moulu
1/2 c. à c. de flocons de piment séché
1 c. à s. de coriandre fraîche ciselée
120 g de petits pois surgelés
2 oignons nouveaux finement hachés
40 g de pousses d'épinards coupées en lanières
huile végétale pour friture, supplémentaire

RAÏTA À LA CORIANDRE
280 g de yaourt à la grecque
2 bouquets de coriandre ciselée
1/2 c. à c. de cumin moulu

1. Tamisez la farine et le bicarbonate de soude dans un saladier. Incorporez l'eau en battant doucement pour obtenir une pâte lisse.
2. Faites chauffer l'huile dans une poêle et faites revenir l'ail et les épices en remuant jusqu'à ce que le mélange embaume. Incorporez-le à la pâte avec la coriandre, les petits pois, les oignons et les épinards. Mélangez bien.
3. Faites chauffer l'huile pour la friture dans un wok. Faites-y frire des cuillerées du mélange pendant 5 minutes jusqu'à ce qu'elles dorent légèrement, en plusieurs tournées, et égouttez-les sur du papier absorbant.
4. Préparez la raïta à la coriandre.
5. Servez les pakoras accompagnés de la raïta.
   RAÏTA À LA CORIANDRE Mixez ou écrasez tous les ingrédients pour obtenir une crème homogène.
   par portion 3,9 g de lipides ; 305 kJ (73 cal)

beignets au chèvre et aux pommes de terre

préparation 10 minutes **cuisson** 20 minutes **pour** 32 beignets

600 g de pommes de terre coupées en morceaux

60 ml de crème fraîche

1/4 de c. à c. de noix de muscade

3 œufs légèrement battus

2 jaunes d'œufs légèrement battus

75 g de farine

250 g de fromage de chèvre ferme émietté

2 c. à s. de persil plat frais grossièrement ciselé

1 pincée de poivre de Cayenne

huile végétale pour friture

1 Faites cuire les pommes de terre (à l'eau, à la vapeur ou au micro-ondes) et égouttez-les. Écrasez-les dans un grand récipient avec la crème et la noix de muscade pour obtenir une purée lisse. Ajoutez les œufs et les jaunes d'œufs, battez le mélange à l'aide d'une cuillère en bois. Incorporez la farine, le fromage de chèvre, le persil et le poivre.

2 Faites chauffer l'huile dans une grande poêle et faites-y frire des cuillerées de pâte, en plusieurs tournées, jusqu'à ce qu'elles soient légèrement dorées. Égouttez-les sur du papier absorbant.

par beignet 4,8 g de lipides ; 288 kJ (69 cal)

champignons à l'ail

préparation 10 minutes **cuisson** 10 minutes **pour** 8 personnes

90 g de beurre coupé en morceaux

3 gousses d'ail pilées

750 g de champignons de Paris coupés en deux

1 c. à s. de jus de citron

2 c. à s. de persil plat frais grossièrement ciselé

1 c. à c. de sel de mer

1/4 à c. de poivre noir fraîchement moulu

1 Faites fondre le beurre dans une casserole. Faites-y revenir l'ail jusqu'à ce qu'il embaume.

2 Ajoutez les champignons, remuez pour les enrober de beurre. Laissez cuire à couvert à feu vif, en remuant de temps en temps, jusqu'à ce que les champignons soient presque tendres.

3 Enlevez le couvercle et portez à ébullition jusqu'à ce que le liquide réduise de moitié et les champignons soient tendres.

4 Incorporez les ingrédients restants.

par portion 9,6 g de lipides ; 464 kJ (111 cal)

beignets de légumes et tzatziki

préparation 20 minutes + réfrigération **cuisson** 20 minutes **pour** 8 personnes

4 courgettes moyennes (480 g) grossièrement râpées

1 c. à c. de sel

1 oignon moyen (150 g) finement émincé

50 g de chapelure

2 œufs battus

1 c. à s. d'origan frais finement ciselé

1 c. à s. de menthe fraîche finement ciselée

2 c. à s. d'huile d'olive vierge extra

TZATZIKI

560 g de yaourt à la grecque épais

1 concombre libanais (130 g)

1 gousse d'ail pilée

2 c. à s. de menthe fraîche finement ciselée

2 c. à s. de jus de citron

1/2 c. à c. de sel de mer

1. Préparez le tzatziki.
2. Mélangez les courgettes et le sel dans un saladier. Laissez dégorger 15 minutes puis pressez pour enlever le maximum de liquide. Mélangez les courgettes, l'oignon, la chapelure, les œufs, l'origan et la menthe.
3. Faites chauffer l'huile dans une grande poêle et faites-y revenir le mélange par cuillerées, en plusieurs tournées, en aplatissant légèrement, jusqu'à ce que les beignets soient dorés des deux côtés et cuits. Égouttez sur du papier absorbant et couvrez pour les garder chauds.
4. Servez les beignets avec le tzatziki.

TZATZIKI Couvrez une passoire de papier absorbant et placez-la au-dessus d'un saladier. Mettez le yaourt dans la passoire, couvrez et placez-le au réfrigérateur pendant 4 heures. Jetez le liquide obtenu. Coupez le concombre en deux dans le sens de la longueur et épépinez-le. Râpez grossièrement la chair et la peau, pressez pour retirer le maximum de jus. Mélangez le concombre, le yaourt, l'ail, la menthe, le jus de citron et le sel dans un bol.

par portion 11,2 g de lipides ; 786 kJ (188 cal)

LÉGUMES

32

potatoes à la cajun

préparation 10 minutes **cuisson** 40 minutes **pour** 4 personnes

1 kg de pommes de terre kipfler avec leur peau
2 c. à s. d'huile d'olive
1/2 c. à c. d'origan moulu
2 c. à c. de cumin moulu
1 c. à c. de paprika fort
1/2 c. à c. de poivre noir moulu
1 c. à c. de curcuma moulu
1 c. à c. de coriandre moulue
1/2 c. à c. de piment en poudre

1. Préchauffez le four à 200 °C ou 180 °C pour le four à chaleur tournante. Huilez légèrement deux plaques de cuisson.
2. Coupez les pommes de terre en morceaux dans la longueur et enrobez-les du mélange d'huile et d'épices.
3. Placez les potatoes sur les plaques de cuisson, en une seule épaisseur, et faites-les cuire à découvert 40 minutes en les retournant de temps en temps, jusqu'à ce qu'elles soient bien cuites et croustillantes.

par portion 10,3 g de lipides ; 1 082 kJ (259 cal)

tartines à l'ail, feta et champignons

préparation 10 minutes **cuisson** 10 minutes **pour** 4 personnes

500 g de champignons creminis
125 ml d'huile d'olive vierge extra
12 tomates cerises coupées en deux
8 tranches de pain croustillant
1 gousse d'ail coupée en deux
2 c. à s. de basilic ciselé
120 g de roquette
80 g de feta émiettée

1. Préchauffez le four à 220 °C ou 200 °C pour le four à chaleur tournante.
2. Huilez les champignons avec la moitié de l'huile et placez-les sur une plaque de cuisson. Placez 3 demi-tomates sur chaque champignon, côté coupé vers le bas. Faites cuire 10 minutes.
3. Pendant ce temps, badigeonnez les tranches de pain avec 2 cuillerées à soupe d'huile d'olive et frottez-les avec l'ail puis faites-les cuire au four pendant 6 minutes.
4. Mixez ou écrasez le basilic avec le reste d'huile pour obtenir une sauce homogène.
5. Garnissez chaque tartine de quelques feuilles de roquette, d'un champignon, de quelques miettes de feta et de quelques gouttes de la sauce au basilic. Vous pouvez aussi ajouter quelques feuilles de basilic frais.

par portion 34,7 g de lipides ; 1 797 kJ (430 cal)

légumes grillés et salade d'halloumi

préparation 15 minutes **cuisson** 45 minutes **pour** 4 personnes

1 patate douce moyenne (400 g) coupée en gros morceaux

2 grosses carottes (360 g) coupées en quatre dans la longueur

2 panais moyens (500 g) coupés en deux dans la longueur

2 gousses d'ail pilées

60 ml d'huile d'olive vierge extra

2 gros oignons rouges (600 g) coupés en quartiers

4 petites aubergines (240 g) coupées en deux dans la longueur

4 piments longs frais coupés en deux

250 g d'halloumi coupé en tranches

75 g de pousses d'épinard

SAUCE CITRON BASILIC

125 ml d'huile d'olive vierge extra

2 c. à s. de jus de citron

5 ou 6 branches de basilic frais grossièrement ciselées

1 c. à c. de sucre blanc

1. Préchauffez le four à 220 °C ou 200 °C pour le four à chaleur tournante.
2. Mélangez l'huile et l'ail. Mettez la patate douce, les carottes, les panais et la moitié de l'huile à l'ail dans un grand plat de cuisson.
3. Mélangez les oignons, les aubergines, les piments et l'autre moitié de l'huile et placez-les dans un autre plat de cuisson.
4. Faites cuire le premier plat 15 minutes, puis enfournez le second plat et laissez cuire le tout 30 minutes jusqu'à ce que les légumes soient tendres et dorés.
5. Pendant ce temps, préparez la sauce citron basilic.
6. Faites cuire le fromage sur un gril en fonte chaud légèrement huilé (ou sous le gril du four ou au barbecue) pour qu'il dore légèrement.
7. Mélangez tous les légumes et les épinards, répartissez-les dans les assiettes de service. Garnissez de fromage et nappez de sauce citron basilic.
   SAUCE CITRON BASILIC Mixez tous les ingrédients pour obtenir une sauce homogène.
   par portion 53,6 g de lipides ; 3 035 kJ (726 cal)

LÉGUMES

36

olives chaudes à l'ail, piment et origan

préparation 5 minutes **cuisson** 5 minutes **pour** 8 personnes

180 ml d'huile d'olive vierge extra

1 long piment rouge frais finement haché

1 gousse d'ail finement émincée

5 ou 6 branches d'origan frais grossièrement hachées

500 g d'olives vertes et noires

1 Faites chauffer l'huile, le piment, l'ail et l'origan dans une grande poêle chaude jusqu'à ce que le mélange embaume.
2 Ajoutez les olives et faites-les sauter jusqu'à ce qu'elles soient chaudes.
3 Servez accompagné de gressins.
par portion 21,2 g de lipides ; 1 028 kJ (246 cal)

falafels

préparation 15 minutes + repos et réfrigération **cuisson** 10 minutes **pour** 25 falafels

135 g de fèves sèches

130 g de pois chiches secs

1/2 bouquet de persil plat frais grossièrement haché

2 c. à s. de cumin moulu

2 c. à s. de coriandre moulue

2 c. à c. de sel

1 c. à c. de bicarbonate de soude

1 petit oignon (80 g) finement haché

1 c. à s. de farine

1 œuf

huile végétale pour friture

1 Laissez tremper les fèves et les pois chiches dans l'eau pendant 12 heures, dans deux bols séparés. Égouttez-les et rincez-les séparément sous l'eau froide. Égouttez.
2 Plongez les fèves dans une casserole moyenne d'eau bouillante et laissez cuire 5 minutes à découvert après la reprise de l'ébullition. Égouttez.
3 Mixez ou écrasez les fèves, les pois chiches, le persil, le cumin, la coriandre, le sel, le bicarbonate de soude, l'oignon, la farine et l'œuf pour obtenir une pâte homogène. Façonnez des petites boulettes avec 1 cuillerée à soupe de pâte, placez-les sur une plaque, couvrez et mettez-les 30 minutes au réfrigérateur.
4 Faites chauffer l'huile dans un wok et faites-y frire les falafels, en plusieurs tournées, pour qu'ils dorent. Égouttez-les sur du papier absorbant. Vous pouvez les servir avec du houmous.
par falafel 1,2 g de lipides ; 96 kJ (23 cal)

salade fattoush

préparation 30 minutes **cuisson** 5 minutes **pour** 4 personnes

---

6 pains pita

huile d'olive pour friture

3 tomates moyennes (450 g) coupées en morceaux

1 gros poivron vert (350 g) coupé en morceaux

2 concombres libanais (260 g) épépinés, coupés en fines rondelles

10 radis rouges (150 g) parés, coupés en fines tranches

4 ciboules (100 g) coupées en fines tranches

3 bouquets de persil plat frais effeuillés

1 bouquet de menthe fraîche ciselée

SAUCE À L'AIL ET AU CITRON

2 gousses d'ail pilées

60 ml d'huile d'olive

60 ml de jus de citron

1. Préparez la sauce à l'ail et au citron.
2. Coupez les pains pita en deux horizontalement puis en morceaux de 2,5 cm. Faites chauffer l'huile dans une poêle et faites-y sauter les morceaux de pain pita pour qu'ils soient croustillants et dorés, en plusieurs tournées. Égouttez-les sur du papier absorbant.
3. Mélangez dans un saladier les trois quarts des morceaux de pain pita et tous les autres ingrédients. Incorporez la sauce et mélangez. Servez la salade fattoush garnie des morceaux de pain pita restants.
   SAUCE A L'AIL ET AU CITRON Mélangez tous les ingrédients dans un récipient hermétique puis secouez.

par portion 30,6 g de lipides ; 2 635 kJ (630 cal)

bruschetta à l'aubergine et aux olives

préparation 15 minutes **cuisson** 10 minutes **pour** 4 personnes

1 c. à s. d'huile d'olive

1 petit oignon (80 g) finement émincé

2 gousses d'ail pilées

1 branche de céleri (100 g) parée, finement émincée

150 g d'aubergine grillée, finement hachée

150 g de poivron rouge grillé, finement haché

30 g d'olives noires dénoyautées, finement hachées

1 c. à s. de câpres égouttées et rincées

2 c. à s. de pignons grillés

5 ou 6 branches de basilic frais ciselées

350 g de pain ciabatta

2 c. à s. d'huile d'olive vierge extra, supplémentaire

1. Faites chauffer l'huile dans une poêle moyenne et faites revenir l'oignon, l'ail et le céleri, en remuant, jusqu'à ce que l'oignon soit tendre. Versez dans un grand bol.
2. Ajoutez l'aubergine, le poivron, les olives, les câpres, les pignons et le basilic.
3. Coupez le pain légèrement en biais, en 8 tranches. Badigeonnez un côté des tranches avec l'huile d'olive supplémentaire et faites-les griller au four jusqu'à ce qu'elles soient dorées des deux côtés.
4. Garnissez chaque tranche de pain avec le mélange à l'aubergine et ajoutez quelques feuilles de basilic si vous le souhaitez.

par portion 31 g de lipides ; 2 274 kJ (544 cal)

petite friture

préparation 10 minutes **cuisson** 15 minutes **pour** 4 personnes

150 g de farine

5 ou 6 branches de basilic frais grossièrement ciselées

1 c. à c. de sel à l'ail

500 g de petits poissons pour friture

huile végétale pour friture

DIP ÉPICÉ À LA MAYONNAISE

300 g de mayonnaise

2 gousses d'ail pilées

2 c. à s. de jus de citron

1 c. à s. de câpres égouttées, rincées, finement hachées

1 c. à s. de persil plat frais grossièrement ciselé

1 Préparez le dip épicé à la mayonnaise.
2 Mélangez la farine, le basilic et le sel à l'ail dans un grand récipient. Roulez les poissons dans la farine pour bien les enrober, en plusieurs tournées.
3 Faites chauffer l'huile dans un wok et faites-y frire les poissons, en plusieurs tournées, pour qu'ils soient cuits et dorés. Égouttez sur du papier absorbant. Servez avec le dip épicé à la mayonnaise.
DIP ÉPICÉ À LA MAYONNAISE Mélangez tous les ingrédients dans un bol.
par portion 46,6 g de lipides ; 2 893 kJ (692 cal)

PRODUITS DE LA MER

carpaccio de thon, saumon et lampris

préparation 50 minutes + congélation et réfrigération **pour** 6 personnes

350 g de thon à sashimi
350 g de saumon à sashimi
350 g de lampris à sashimi
80 ml de jus de citron vert
160 ml de jus de citron
1 morceau de 4 cm de gingembre frais (20 g) râpé
60 ml de sauce de soja
1 petit bulbe de fenouil (130 g)
80 ml d'huile d'olive vierge extra
1 c. à s. de câpres rincées et égouttées
1/2 petit oignon rouge (50 g) finement émincé
1 c. à c. d'aneth frais finement haché

1. Emballez séparément les morceaux de poisson dans du film alimentaire et placez-les au congélateur pendant environ 1 heure pour qu'ils durcissent légèrement.
2. Déballez les morceaux de poisson et coupez-les en tranches aussi fines que possible. Disposez-les sur des plats de service séparés, nappez le thon de jus de citron vert, le lampris et le saumon de jus de citron. Couvrez et réfrigérez 1 heure.
3. Pendant ce temps, mélangez le gingembre et la sauce de soja dans un petit bol et laissez reposer. Hachez finement une partie du plumet du fenouil pour obtenir l'équivalent de 1 cuillerée à soupe, jetez le reste. Coupez le bulbe en petits dés.
4. Avant de servir, répartissez le poisson dans les assiettes. Nappez le thon de la sauce au gingembre (après l'avoir filtrée), garnissez le lampris de fenouil (dés et plumet) et nappez-le avec la moitié de l'huile, garnissez le saumon avec les câpres, l'oignon, l'aneth et nappez-le avec le reste de l'huile. Servez accompagné de pain grillé.

par portion 21,1 g de lipides ; 1 508 kJ (361 cal)

crevettes citron vert et coco

préparation 15 minutes + réfrigération **cuisson** 15 minutes **pour** 24 crevettes

24 grosses crevettes crues (1 kg)
80 ml de jus de citron vert
125 ml de lait de coco
75 g de farine
115 g de noix de coco râpée
huile d'arachide pour friture

DIP À LA CACAHUÈTE
45 g de cacahuètes grillées non salées
80 ml de jus de citron vert
60 ml de bouillon de poulet
60 ml de lait de coco
2 c. à s. de beurre de cacahuètes (sans morceaux)
1 c. à s. de sauce au piment douce

1. Décortiquez les crevettes et ôtez le nerf en laissant les queues intactes. Mélangez le jus de citron vert et le lait de coco, incorporez les crevettes et remuez pour les enrober de la marinade. Couvrez et réfrigérez 1 heure.
2. Pendant ce temps, préparez le dip à la cacahuète.
3. Égouttez les crevettes et conservez la marinade. En les tenant par la queue, enrobez-les de farine puis plongez-les dans la marinade et enfin dans la noix de coco râpée.
4. Faites chauffer l'huile dans un wok et faites frire les crevettes, en plusieurs tournées, jusqu'à ce qu'elles soient dorées. Égouttez. Servez accompagné du dip à la cacahuète chaud.

   DIP À LA CACAHUÈTE Mélangez les cacahuètes, le jus de citron vert, le bouillon et le lait de coco dans une petite casserole, portez à ébullition. Faites frémir à découvert 5 minutes. Mixez ou mélangez avec le beurre de cacahuètes et la sauce au piment pour obtenir un mélange homogène.
   par crevette 8,2 g de lipides ; 481 kJ (115 cal)

moules grillées à l'ail

préparation 20 minutes **pour** 48 moules

48 moules moyennes (1,5 kg)
500 ml d'eau
100 g de beurre
4 gousses d'ail pilées
50 g de chapelure
2 c. à c. de cerfeuil frais grossièrement ciselé

1. Préchauffez le four en position gril.
2. Grattez et ébarbez les moules.
3. Mettez les moules dans une grande casserole avec l'eau, portez à ébullition et laissez frémir à couvert jusqu'à ce que les moules s'ouvrent (jetez celles qui restent fermées). Jetez les coquilles supérieures et détachez les moules de leur pied en les laissant dans la coquille.
4. Faites fondre le beurre dans une casserole moyenne, incorporez l'ail et la chapelure.
5. Placez les moules sur une plaque, garnissez de chapelure et faites-les dorer légèrement sous le gril. Servez parsemé de cerfeuil.
   par moule 1,8 g de lipides ; 96 kJ (23 cal)

encornets au sel et au piment

préparation 20 minutes **cuisson** 10 minutes **pour** 6 personnes

Attention aux éventuelles projections d'huile quand vous faites frire le piment et la coriandre.

1 kg d'encornets parés

huile végétale pour friture

2 longs piments rouges frais en fines lamelles

2 bouquets de coriandre fraîche

50 g de farine

2 longs piments rouges frais hachés

2 c. à c. de sel de mer

1 c. à c. de poivre noir moulu

1. Coupez les encornets en deux dans le sens de la longueur, incisez en résille la surface intérieure puis coupez chaque morceau en cinq dans la longueur.
2. Faites chauffer l'huile dans un wok et faites frire les lamelles de piment jusqu'à ce qu'elles soient tendres. Égouttez-les sur du papier absorbant. Faites frire la coriandre jusqu'à ce qu'elle change de couleur, égouttez-la sur du papier absorbant.
3. Enrobez les morceaux d'encornets du mélange de farine, de piment haché, de sel et de poivre. Faites-les frire jusqu'à ce qu'ils soient tendres, en plusieurs tournées. Égouttez sur du papier absorbant. Servez les encornets parsemés de coriandre et de lamelles de piment.

par portion 11,8 g de lipides ; 1 041 kJ (249 cal)

bruschetta à la niçoise

préparation 35 minutes **cuisson** 10 minutes **pour** 48 bruschettas

80 ml d'huile d'olive

3 gousses d'ail pilées

2 petites baguettes

1 c. à s. de petites câpres rincées et égouttées

1 tomate oblongue moyenne (75 g), épépinée et coupée en petits dés

1 branche de céleri (100 g) parée et coupée en petits dés

30 g d'olives noires dénoyautées hachées

180 g de thon à l'huile d'olive, égoutté et émietté

5 filets d'anchois égouttés, finement hachés

1 petit oignon rouge (100 g) finement haché

2 c. à s. de jus de citron

1 Mélangez l'huile et l'ail dans un petit bol.
2 Préchauffez le four en position gril.
3 Coupez les croûtons des baguettes, puis coupez les baguettes en tranches de 1 cm. Badigeonnez les deux côtés de chaque morceau avec l'huile à l'ail, puis faites-les dorer légèrement au four.
4 Mélangez les ingrédients restants dans un bol, et garnissez chaque bruschetta d'un peu de ce mélange.
par bruschetta 2,2 g de lipides ; 176 kJ (42 cal)

poulpes au piment et à l'ail

préparation 10 minutes + réfrigération **cuisson** 10 minutes **pour** 4 personnes

1 kg de petits poulpes nettoyés, coupés en deux

60 ml d'huile d'olive

5 gousses d'ail pilées

60 ml de jus de citron

2 petits piments thaïs rouges finement hachés

quartiers de citron vert pour servir

1 Mélangez les ingrédients dans un grand récipient et mettez-les 3 heures au réfrigérateur.
2 Faites cuire les poulpes, en plusieurs fois, sur un gril en fonte chaud huilé (ou au barbecue ou sous le gril du four) jusqu'à ce qu'ils soient tendres. Servez avec des quartiers de citron vert.
par portion 18,3 g de lipides ; 1 831 kJ (438 cal)

calamars farcis à la feta et au piment

préparation 40 minutes + réfrigération **cuisson** 10 minutes **pour** 8 personnes

8 calamars entiers avec leurs tentacules (600 g)
400 g de feta ferme
1 c. à c. de flocons de piment séché
2 c. à s. d'huile d'olive
2 c. à s. d'origan frais grossièrement haché
2 c. à c. de zeste de citron finement râpé
2 c. à s. de jus de citron
1 gousse d'ail pilée
60 ml d'huile d'olive, supplémentaire

1. Préparez les calamars : tirez doucement sur les tentacules pour les séparer du corps. Coupez les tentacules juste au ras des yeux, jetez les yeux, le petit bec noir qui se trouve au centre des tentacules et les viscères. Ôtez la plume (l'os cartilagineux qui se trouve à l'intérieur du calamar) ainsi que la membrane extérieure violette et les ailes. Rincez et tamponnez avec du papier absorbant pour sécher.
2. Écrasez la feta dans un bol, incorporez le piment, l'origan et l'huile. Farcissez l'intérieur des calamars avec ce mélange et fermez-les à l'aide de cure-dents.
3. Mettez les calamars et les tentacules dans un grand plat peu profond. Mélangez les ingrédients restants et nappez les calamars avec la sauce obtenue. Couvrez et réfrigérez 3 heures, en retournant de temps en temps.
4. Faites cuire les calamars et les tentacules sur un gril en fonte chaud légèrement huilé (ou sous le gril du four ou au barbecue) pendant 3 minutes de chaque côté jusqu'à ce qu'ils soient tendres et que le fromage soit chaud.

par portion 24 g de lipides ; 1 258 kJ (301 cal)

saumon gravlax à la vodka

préparation 10 minutes + réfrigération **pour** 24 toasts

1 c. à s. de sel de mer
1 c. à c. de poivre noir finement moulu
1 c. à s. de sucre blanc
1 c. à s. de vodka
300 g de filet de saumon avec sa peau
24 petits toasts

SAUCE À LA CRÈME
80 g de crème fraîche
2 c. à c. de petites câpres rincées, égouttées
2 c. à c. de jus de citron
2 c. à c. de cornichons égouttés finement hachés
1/2 petit oignon rouge (50 g) finement émincé

1. Mélangez le sel, le poivre, le sucre et la vodka dans un bol
2. Ôtez les arêtes du saumon et placez-le, peau en dessous, sur un morceau de film alimentaire. Versez le mélange à la vodka sur la chair du saumon et enroulez-le dans le film. Placez-le au réfrigérateur jusqu'au lendemain, en le retournant plusieurs fois.
3. Préparez la sauce à la crème.
4. Coupez le poisson en fines tranches. Garnissez les toasts de crème et d'une tranche de saumon.
   SAUCE À LA CRÈME Mélangez tous les ingrédients dans un bol.
   par toast 2,4 g de lipides ; 230 kJ (55 cal)

huîtres à la salsa tomates poivrons

préparation 10 minutes **pour** 24 huîtres

2 petites tomates (180 g) épépinées coupées en dés
1 petit oignon rouge (100 g) finement émincé
1 petit poivron vert (150 g) finement haché
60 ml de jus de tomate
60 ml de jus de citron
1 c. à c. de Tabasco
1 c. à s. d'huile d'olive
2 gousses d'ail pilées
24 huîtres (600 g) ouvertes

1. Mélangez les tomates, l'oignon, le poivron, les jus de tomate et de citron, le Tabasco, l'huile et l'ail dans un bol. Servez les huîtres nappées de cette sauce.
   par huître 1,1 g de lipides ; 96 kJ (23 cal)

poisson fumé et antipasti de légumes

préparation 35 minutes **pour** 4 personnes

80 g de crème fraîche

2 c. à c. de vinaigre de framboise

1 c. à s. de ciboulette fraîche grossièrement ciselée

1 gousse d'ail pilée

1 grosse courgette jaune (150 g)

1 c. à s. de vinaigre de framboise, supplémentaire

60 ml d'huile d'olive vierge extra

45 g d'amandes effilées grillées

150 g de tomates séchées égouttées

1 gros avocat (320 g)

1 c. à s. de jus de citron

300 g de morceaux de truite saumonée fumée à chaud

200 g de saumon fumé en tranches

16 fruits de câprier (80 g) égouttés

1 gros citron (180 g) coupé en quartiers

170 g de tranches de bagel à l'ail grillé

1. Mélangez la crème fraîche, le vinaigre, la ciboulette et l'ail dans un petit bol, couvrez et placez au réfrigérateur jusqu'au moment de servir.
2. À l'aide d'un couteau économe, coupez des rubans de courgette dans la longueur et placez-les dans un bol avec le vinaigre supplémentaire et 2 cuillerées à soupe d'huile.
3. Mélangez les amandes, les tomates séchées et le reste de l'huile dans un bol.
4. Coupez l'avocat en grosses lamelles et nappez-le de jus de citron.
5. Émiettez la truite.
6. Garnissez un plat avec les rubans de courgette, le mélange tomates amandes, l'avocat, la truite, le saumon et les fruits de câprier. Servez accompagné de la crème, de quartiers de citron vert et de bagel.

par portion 54,8 g de lipides ; 3 624 kJ (867 cal)

PRODUITS DE LA MER

huîtres au beurre au pesto

préparation 10 minutes + réfrigération **cuisson** 5 minutes **pour** 24 huîtres

125 g de beurre ramolli
1 c. à s. de jus de citron
2 c. à s. de basilic frais grossièrement ciselé
2 c. à s. de pignons grillés
24 huîtres (600 g) ouvertes

1. Pour préparer le beurre au pesto, mixez ou écrasez le beurre avec le jus de citron et le basilic pour obtenir une pâte lisse, incorporez les pignons, couvrez et placez au réfrigérateur pour que le mélange durcisse.
2. Préchauffez le four à 200 °C ou 180 °C pour le four à chaleur tournante.
3. Répartissez le beurre sur les huîtres. Faites cuire 5 minutes environ jusqu'à ce que le beurre soit fondu et les huîtres chaudes.

par huître 5,5 g de lipides ; 242 kJ (58 cal)

mini brochettes de Saint-Jacques et citron vert

préparation 15 minutes + réfrigération **cuisson** 5 minutes **pour** 24 brochettes

2 c. à s. d'huile végétale
1 morceau de gingembre frais de 4 cm (20 g) râpé
3 gousses d'ail pilées
24 noix de Saint-Jacques (600 g) sans le corail
3 citrons verts
12 feuilles fraîches de combava, coupées en deux dans le sens de la longueur
24 cure-dents

1. Mélangez l'huile, le gingembre et l'ail dans un bol, incorporez les noix de Saint-Jacques et remuez pour les enrober de marinade. Couvrez et réfrigérez 30 minutes.
2. Pendant ce temps, coupez chaque citron vert en huit. Piquez un morceau de citron et 1/2 feuille de combava sur chaque pique.
3. Faites cuire les noix de Saint-Jacques sur un gril en fonte chaud huilé (ou sous le gril du four ou au barbecue) pendant 5 minutes environ pour qu'elles soient cuites à souhait. Laissez refroidir 5 minutes puis piquez une noix sur chaque pique.

par brochette 1,8 g de lipides ; 134 kJ (32 cal)a

crevettes au sel et au poivre

préparation 20 minutes **cuisson** 5 minutes **pour** 6 personnes

Faites tremper les brochettes dans de l'eau pendant environ 1 heure avant de les utiliser afin d'éviter qu'elles ne s'effilent ou ne se cassent pendant la cuisson.

18 grosses crevettes crues (1,2 kg)

2 c. à c. de sel de mer

1/4 de c. à c. de cinq-épices

1/2 c. à c. de poivre noir fraîchement moulu

1. Décortiquez les crevettes et ôtez la veine en laissant les queues intactes. Piquez chaque crevette sur une brochette, dans la longueur.
2. Mélangez le sel, le cinq-épices et le poivre dans un bol.
3. Faites cuire les brochettes sur un gril en fonte chaud huilé (ou sous le gril du four ou au barbecue) à feu vif jusqu'à ce qu'elles soient dorées des deux côtés et juste cuites. Parsemez de la moitié du mélange de sel poivre épices pendant la cuisson.
4. Servez les brochettes accompagnées du reste du mélange de sel poivre épices.

par portion 0,5 g de lipides ; 309 kJ (74 cal)

coquilles Saint-Jacques au fenouil sauce pernod

préparation 20 minutes **cuisson** 30 minutes **pour** 6 personnes

24 coquilles Saint-Jacques (600 g) ouvertes

60 g de beurre

2 bulbes de fenouil moyens (400 g) parés, coupés en fines lamelles

4 oignons nouveaux en fines lamelles

80 ml de Pernod ou de pastis

300 ml de crème

1 c. à s. de plumet de fenouil grossièrement haché

1. Ôtez les noix de Saint-Jacques de leur coquille, lavez les coquilles, séchez-les et réservez-les.
2. Faites fondre deux tiers du beurre dans une grande poêle, faites cuire le fenouil, en plusieurs tournées, en remuant de temps en temps, pendant 20 minutes jusqu'à ce qu'il soit tendre.
3. Faites fondre le beurre restant dans la même poêle, faites-y revenir l'oignon, en remuant, jusqu'à ce qu'il soit tendre. Ajoutez le fenouil, les noix de Saint-Jacques, le Pernod et la crème. Faites cuire 2 minutes environ jusqu'à ce que les noix soient opaques.
4. Répartissez les coquilles dans les assiettes. À l'aide d'une écumoire, mettez les noix dans leur coquille.
5. Portez la sauce à ébullition, en remuant, jusqu'à ce qu'elle épaississe légèrement. Nappez les noix de sauce et garnissez de plumet de fenouil.

par portion 30,4 g de lipides ; 1 588 kJ (380 cal)

rösti et saumon fumé

préparation 30 minutes **cuisson** 25 minutes **pour** 24 röstis

800 g de pommes de terre
15 g de beurre fondu
1 c. à s. d'aneth frais finement ciselé
huile végétale pour friture
200 g de crème fraîche
200 g de saumon fumé

1 Râpez grossièrement les pommes de terre et pressez-les pour retirer le maximum de liquide. Mélangez les pommes de terre, le beurre et l'aneth dans un saladier.
2 Faites chauffer l'huile dans une grande poêle, formez des petites galettes de pommes de terre et faites-les cuire, en plusieurs tournées, jusqu'à ce qu'elles soient dorées des deux côtés. Égouttez sur du papier absorbant.
3 Répartissez la crème fraîche et le saumon sur les röstis et servez garni d'aneth.
par rösti 5,9 g de lipides ; 339 kJ (81 cal)

antipasti

préparation 15 minutes **cuisson** 10 minutes **pour** 6 personnes

400 g de ricotta cuite
1/8 de c. à c. de paprika fumé
1/4 de c. à c. de flocons de piment séché
1/4 de c. à c. de feuilles d'origan séchées
250 g de tomates cerises
125 ml d'huile d'olive vierge extra
1 aubergine moyenne (300 g) en fines lamelles
2 c. à s. de petites feuilles de basilic frais
3 chorizos (400 g) en fines tranches
5 ou 6 branches de persil plat frais effeuillées
12 pointes d'asperges fraîches parées
20 g de copeaux de parmesan
10 radis rouges (150 g) parés
150 g d'olives de Kalamata dénoyautées

1. Préchauffez le four à 180 °C ou 160 °C pour le four à chaleur tournante.
2. Mettez la ricotta sur une plaque peu profonde allant au four, saupoudrez-la de paprika, de piment et d'origan. Mettez les tomates sur la même plaque et arrosez les tomates et la ricotta avec 2 cuillerées à soupe d'huile d'olive. Faites cuire 10 minutes jusqu'à ce que les tomates soient grillées et commencent à se fendre.
3. Badigeonnez les lamelles d'aubergine avec 2 cuillerées à soupe d'huile et faites-les cuire sur un gril en fonte (ou dans une poêle ou au barbecue) jusqu'à ce qu'elles soient dorées des deux côtés. Arrosez-les de 1 cuillerée à soupe d'huile et parsemez-les de basilic.
4. Faites cuire le chorizo sur un gril en fonte (ou dans une poêle ou au barbecue) jusqu'à ce qu'il soit grillé des deux côtés et mélangez-le avec le persil.
5. Faites cuire les asperges dans une grande poêle remplie d'eau frémissante jusqu'à ce qu'elles soient tendres. Égouttez-les. Garnissez-les de parmesan et nappez-les avec le reste de l'huile.
6. Garnissez un plat de cet assortiment d'antipasti et servez.

par portion 34,7 g de lipides ; 1 797 kJ (430 cal)

VIANDES & VOLAILLES

trio de pizzas

préparation 40 minutes + refroidissement **cuisson** 10 minutes **pour** 3 pizzas à pâte fine
La quantité de garniture est donnée pour 1 pizza ; vous pouvez faire 5 parts dans chaque pizza.

7 g de levure sèche
1/2 c. à c. de sucre en poudre
180 ml d'eau chaude
300 g de farine
1 c. à c. de sel
2 c. à s. d'huile d'olive
3 c. à c. d'huile d'olive, supplémentaire

GARNITURE OLIVES ANCHOIS
2 c. à c. d'huile d'olive
80 ml de sauce tomate liquide
7 filets d'anchois égouttés coupés en deux
30 g d'olives noires dénoyautées coupées en deux
12 feuilles de basilic frais

GARNITURE À LA PANCETTA
2 c. à c. d'huile d'olive
80 ml de sauce tomate liquide
2 gousses d'ail en fines lamelles
40 g de copeaux de parmesan
6 fines tranches de pancetta épicée

GARNITURE À LA SAUCISSE ÉPICÉE
2 c. à c. d'huile d'olive
80 ml de sauce tomate liquide
175 g de saucisse italienne épicée
1 long piment thaï frais en fines lamelles
100 g de mozzarella en tranches
2 c. à s. de feuilles d'origan frais

1 Pour préparer la pâte à pizza, mélangez la levure, le sucre et l'eau chaude dans un bol, couvrez et laissez gonfler 10 minutes dans un endroit chaud. Tamisez la farine et le sel dans un grand récipient, incorporez la levure diluée et l'huile et mélangez pour obtenir une pâte lisse. Quand les ingrédients sont bien mélangés, formez une boule avec la pâte, à la main, en ajoutant si nécessaire un peu d'eau.

2 Pétrissez la pâte sur un plan de travail fariné pendant 10 minutes en l'écrasant avec la paume de la main tout en tournant d'un quart de tour à chaque fois pour qu'elle soit homogène et élastique. Mettez la pâte dans un grand récipient légèrement huilé, couvrez et laissez reposer dans un endroit chaud pendant environ 1 heure jusqu'à ce qu'elle ait doublé de volume.

3 Pendant ce temps, allumez votre barbecue à gaz et mettez le couvercle.

4 Écrasez la pâte avec votre poing et pétrissez-la sur un plan de travail fariné jusqu'à ce qu'elle soit lisse. Divisez-la en trois et abaissez chaque part à l'aide d'un rouleau pour obtenir des rectangles de 16 x 40 cm.

5 Superposez deux morceaux de papier d'aluminium assez larges pour accueillir un rectangle de pâte. Badigeonnez-les de 1 cuillerée à café de l'huile supplémentaire puis mettez un rectangle de pâte dessus. Faites de même pour les deux autres morceaux de pâte.

6 Coupez le feu du milieu et laissez ceux des côtés allumés pour fournir une chaleur indirecte. Placez les pâtes à pizzas avec du papier d'aluminium sur les plaques et faites-les cuire 4 minutes dans le barbecue couvert jusqu'à ce que le dessous soit doré (si la pâte gonfle, aplatissez-la rapidement).

7 Sortez doucement les pâtes du barbecue et refermez-le. Retournez les pâtes sur le papier d'aluminium, badigeonnez le côté cuit avec de l'huile puis versez la sauce tomate. Garnissez avec les ingrédients correspondants, excepté les herbes aromatiques. Remettez les pizzas à cuire à couvert sur le papier d'aluminium pendant 5 minutes jusqu'à ce que le dessous soit bien doré et la pâte croustillante. Servez parsemé des herbes fraîches.

pour 1 part de pizza aux anchois 3,8 g de lipides ; 376 kJ (90 cal)
pour 1 part de pizza à la pancetta 5,9 g de lipides ; 481 kJ (115 cal)
pour 1 part de pizza à la saucisse 12 g de lipides ; 782 kJ (187 cal)

brochettes d'agneau et halloumi

préparation 20 minutes **cuisson** 20 minutes **pour** 8 brochettes

1/2 c. à c. de poivre de Jamaïque
1 c. à c. de poivre noir concassé
1 gousse d'ail pilée
2 c. à s. de jus de citron
2 c. à s. d'huile d'olive
500 g d'agneau en dés
200 g d'halloumi en dés de 2 cm

1. Mettez le poivre de Jamaïque, le poivre noir, l'ail, le jus de citron et l'huile dans un bol. Incorporez l'agneau et remuez bien pour l'enrober de ce mélange. Piquez l'agneau et le fromage sur des brochettes, en alternant.
2. Faites cuire les brochettes sur un gril en fonte chaud huilé (ou sous le gril du four ou au barbecue) jusqu'à ce qu'elles soient dorées et cuites à souhait.

par brochette 28,7 g de lipides ; 1 710 kJ (409 cal)

porc givré à l'ananas

préparation 10 minutes + réfrigération **cuisson** 15 minutes **pour** 32 bouchées

2 filets de porc (600 g)
2 c. à s. de sauce char-sui
1 c. à s. de sauce soja légère
1/2 petit ananas (456 g) en tranches fines
25 g de pousses de pois mange-tout parées

1. Dans un grand bol, faites mariner le porc dans les deux sauces mélangées pendant 1 heure au réfrigérateur, à couvert.
2. Faites cuire les tranches d'ananas sur un gril en fonte chaud huilé (ou sous le gril du four ou au barbecue) jusqu'à ce qu'elles soient légèrement dorées. Retirez-les du gril et coupez-les en deux puis couvrez-les pour qu'elles restent chaudes.
3. Faites cuire le porc à feu doux sur un gril en fonte, à couvert, pendant 10 minutes environ. Couvrez, laissez refroidir 5 minutes puis coupez-le en tranches fines.
4. Garnissez chaque demi-tranche d'ananas de 2 tranches de porc et de quelques pousses de pois mange-tout.

par portion 2,8 g de lipides ; 648 kJ (155 cal)

feuilles de vigne farcies au veau et à la tomate

préparation 40 minutes **cuisson** 35 minutes + refroidissement **pour** 36 feuilles de vigne

36 feuilles de vigne dans la saumure
1 c. à s. d'huile d'olive
1 gros oignon rouge (300 g) finement haché
4 gousses d'ail pilées
500 g de veau haché
400 g de tomates concassées en boîte
30 g d'olives vertes dénoyautées finement hachées
35 g de tomates séchées au soleil, égouttées, finement hachées
1 c. à s. de pâte de tomates

1. Mettez les feuilles de vigne dans un grand bol résistant à la chaleur et couvrez-les d'eau bouillante. Laissez reposer 10 minutes, égouttez-les et rincez-les sous l'eau froide, égouttez de nouveau. Tamponnez les feuilles du même gabarit avec du papier absorbant pour les sécher.
2. Faites chauffer l'huile dans une grande poêle, faites-y revenir l'oignon et l'ail en remuant jusqu'à ce que l'oignon soit tendre. Ajoutez le veau et faites cuire en remuant jusqu'à ce qu'il change de couleur.
3. Incorporez les ingrédients restants et portez à ébullition. Laissez frémir à découvert pendant 5 minutes jusqu'à ce que le liquide soit presque entièrement évaporé puis laissez refroidir 15 minutes.
4. Placez les feuilles, veines sur le dessus, sur une planche. Mettez 1 cuillerée à soupe de garniture au centre de la feuille, près de la veine principale. Roulez la feuille sur elle-même vers la pointe pour que la farce soit recouverte, puis repliez les côtés. Continuez de rouler vers la pointe de la feuille. Placez les rouleaux obtenus, « fermeture » sur le dessous, dans un panier en bambou recouvert de papier sulfurisé. Répétez l'opération avec le reste des feuilles et de garniture. Placez-les à 1 cm d'intervalle dans le panier.
5. Placez le panier au-dessus d'une casserole d'eau bouillante et faites cuire les feuilles de vigne 15 minutes à couvert.
6. Vous pouvez servir les feuilles de vigne chaudes ou froides, nappées ou non de jus de citron.

par feuille de vigne farcie 1,6 g de lipides ; 151 kJ (36 cal)

VIANDES & VOLAILLES

74

crostini de bœuf rôti et oignons caramélisés

préparation 20 minutes **cuisson** 30 minutes **pour** 40 crostinis

500 g de filet de bœuf
1 c. à s. d'huile d'olive
2 gros oignons rouges (600 g) finement émincés
1 c. à s. de sucre roux
1 c. à s. de vinaigre de vin rouge
1 pain de seigle (660 g)
60 ml d'huile d'olive, supplémentaire
2 c. à s. de moutarde douce anglaise
40 feuilles de persil plat frais

1. Préchauffez le four à 180 °C ou 160 °C pour le four à chaleur tournante.
2. Faites cuire le bœuf dans une poêle moyenne huilée jusqu'à ce qu'il soit bien doré puis mettez-le dans un plat allant au four et faites-le rôtir à découvert 20 minutes, jusqu'à ce qu'il soit cuit à souhait. Enveloppez-le dans du papier d'aluminium.
3. Pendant que le bœuf cuit, faites chauffer l'huile dans une poêle et faites-y revenir les oignons jusqu'à ce qu'ils soient tendres. Ajoutez le sucre et le vinaigre et faites cuire en remuant jusqu'à ce qu'il soit caramélisé.
4. Coupez et jetez les croûtons du pain et coupez-le en tranches de 1,5 cm. Coupez ensuite chaque tranche en quatre, badigeonnez-les d'huile des deux côtés et faites-les griller.
5. Coupez le bœuf en fines tranches. Étalez la moutarde sur le pain, garnissez de persil puis de bœuf et d'oignons caramélisés. Servez à température ambiante.

par crostini 3 g de lipides ; 339 kJ (81 cal)

triangles d'agneau épicé et pignons

préparation 30 minutes **cuisson** 30 minutes **pour** 72 triangles

10 g de beurre
1 oignon moyen (150 g) finement émincé
1 gousse d'ail pilée
1/2 c. à c. d'épices mélangées moulues
1/2 c. à c. de poivre noir fraîchement moulu
80 g de pignons grillés
2 c. à c. de sambal oelek
500 g d'agneau haché
2 oignons nouveaux finement émincés
24 feuilles de pâte filo
vaporisateur d'huile

1. Faites fondre le beurre dans une poêle moyenne et faites-y revenir l'oignon, l'ail, les épices, les pignons et le sambal oelek, en remuant, jusqu'à ce que l'oignon soit tendre. Ajoutez l'agneau et poursuivez la cuisson jusqu'à ce qu'il soit doré et cuit. Ajoutez les oignons nouveaux.
2. Préchauffez le four à 200 °C ou 180 °C pour le four à chaleur tournante, et huilez légèrement deux plaques.
3. Huilez une feuille de pâte filo avec le vaporisateur et recouvrez-la avec une autre feuille. Coupez-les en 6 bandes et huilez-les avec le vaporisateur. Répétez ces opérations avec les feuilles restantes.
4. Mettez 2 cuillerées à café de garniture tout en bas d'une bande, à 1 cm du bord. Repliez le coin en diagonale au-dessus de la garniture pour former un triangle, puis continuez de plier la bande en conservant la forme du triangle. Placez le triangle obtenu sur une grille, « fermeture » en dessous, et recommencez l'opération avec les autres bandes de pâte et la garniture. Huilez légèrement les triangles avec le vaporisateur. Faites cuire 10 minutes jusqu'à ce qu'ils soient légèrement dorés.

par triangle 1,6 g de lipides ; 142 kJ (34 cal)

feuilletés au curry et dip au chutney

préparation 40 minutes **cuisson** 25 minutes **pour** 32 feuilletés

1 c. à s. d'huile végétale
2 oignons nouveaux finement hachés
1 gousse d'ail pilée
2 c. à c. de curry en poudre
300 g de bœuf haché
2 c. à c. de jus de citron
110 g de chutney à la mangue
4 rouleaux de pâte feuilletée
1 œuf battu
220 g de chutney à la mangue, supplémentaire
1 c. à s. d'eau bouillante

1. Faites chauffer l'huile dans une casserole moyenne et faites-y revenir les oignons et l'ail en remuant jusqu'à ce que les oignons soient tendres. Ajoutez le curry en poudre, faites revenir en remuant jusqu'à ce que les arômes se libèrent. Incorporez le bœuf et poursuivez la cuisson jusqu'à ce qu'il soit doré et cuit. Retirez-le du feu et ajoutez le jus de citron et le chutney.
2. Avec un rouleau à pâtisserie, étalez les rouleaux de pâte pour obtenir des carrés de 30 cm de côté, et découpez 8 disques de pâte de 8 cm de diamètre sur chaque carré à l'aide d'un emporte-pièce.
3. Préchauffez le four à 200 °C ou 180 °C pour le four à chaleur tournante. Huilez légèrement deux plaques.
4. Mettez 1 bonne cuillerée à café de garniture au centre de chaque disque de pâte, badigeonnez les bords avec de l'œuf et pliez la pâte pour fermer les feuilletés. Scellez bien les bords à l'aide d'une fourchette.
5. Mettez les feuilletés sur les plaques, badigeonnez-les d'œuf et enfournez-les 15 minutes jusqu'à ce qu'ils soient bien dorés.
6. Mélangez le chutney supplémentaire et l'eau et servez les feuilletés avec cette sauce.

par feuilleté 6,2 g de lipides ; 439 kJ (105 cal)

carpaccio de bœuf, roquette, parmesan et aïoli

préparation 20 minutes + congélation **pour** 4 personnes

400 g de filet de bœuf
80 g de roquette
100 g de copeaux de parmesan

AÏOLI
1 œuf
1 gousse d'ail coupée en quatre
1 c. à s. de jus de citron
1 c. à s. de moutarde de Dijon
125 ml d'huile d'olive

1. Enveloppez fermement le bœuf dans du film alimentaire et placez-le 1 heure au congélateur pour pouvoir le découper plus facilement en tranches fines.
2. Pendant ce temps, préparez l'aïoli.
3. À l'aide d'un couteau bien aiguisé, coupez le bœuf le plus finement possible et répartissez les tranches dans les assiettes de service.
4. Garnissez le bœuf avec la roquette et les copeaux de parmesan et nappez d'aïoli.

AÏOLI Mixez ensemble l'œuf, l'ail, le jus de citron et la moutarde, ajoutez l'huile d'olive en fin filet tout en continuant de mixer jusqu'à ce que l'aïoli épaississe légèrement.

par portion 44,1 g de lipides ; 2 211 kJ (529 cal)

cailles grillées sauce à l'ail

préparation 25 minutes + réfrigération **cuisson** 30 minutes **pour** 8 personnes

12 cailles (1,9 kg)

1 gousse d'ail en fines lamelles

2 c. à c. de zeste de citron finement râpé

60 ml d'huile d'olive

1 oignon rouge moyen (170 g) finement émincé

2 tomates moyennes (300 g) épépinées et coupées en fines tranches

2 bouquets de persil plat frais effeuillés

2 c. à c. de sumac

SAUCE À L'AIL

9 gousses d'ail coupées en quatre

2 c. à s. de jus de citron

1 c. à c. de sel

125 ml d'huile d'olive

1. Entaillez les cailles le long de la colonne vertébrale et retirez-la. Ouvrez-les, retournez-les et aplatissez-les en appuyant avec la paume de la main.
2. Mélangez l'ail, le zeste de citron et l'huile dans un plat peu profond. Mettez les cailles dans le plat et nappez-les avec la sauce. Couvrez et faites mariner au réfrigérateur pendant plusieurs heures ou toute la nuit.
3. Préparez la sauce à l'ail.
4. Égouttez les cailles et conservez la marinade. Badigeonnez chaque caille de 2 cuillerées à soupe de sauce à l'ail puis faites-les cuire en plusieurs tournées sur un gril en fonte chaud huilé (ou sous le gril du four ou au barbecue) pendant 15 minutes environ.
5. Préparez la salade en mélangeant les ingrédients restants. Servez les cailles accompagnées de salade et de sauce à l'ail.
   SAUCE À L'AIL Mixez l'ail, le jus de citron et le sel jusqu'à ce que l'ail soit bien haché. Ajoutez l'huile en fin filet tout en continuant de mixer pour obtenir une sauce homogène.

par portion 33,7 g de lipides ; 1 685 kJ (403 cal)

frittata au prosciutto et asperges

préparation 25 minutes **cuisson** 20 minutes **pour** 48 frittatas

Vous pouvez préparer la frittata la veille et la conserver au réfrigérateur, emballée dans du film alimentaire.

170 g d'asperges fines

6 œufs légèrement battus

125 ml de crème

20 g de parmesan grossièrement râpé

3 tranches de prosciutto (45 g)

75 g de tomates séchées égouttées, finement hachées

1. Préchauffez le four à 200 °C ou 180 °C pour le four à chaleur tournante.
2. Faites cuire les asperges à l'eau bouillante, à la vapeur ou au micro-ondes jusqu'à ce qu'elles soient juste tendres, égouttez-les. Rincez-les sous l'eau froide, égouttez-les de nouveau.
3. Huilez un plat de 19 x 29 cm et chemisez-le de papier sulfurisé.
4. Battez les œufs, la crème et le parmesan dans un bol.
5. Disposez les asperges en une seule couche dans le fond du plat et recouvrez avec le mélange œufs crème parmesan. Faites cuire à découvert pendant 20 minutes jusqu'à ce que la frittata soit ferme. Laissez reposer 10 minutes dans le plat.
6. Pendant ce temps, coupez chaque tranche de prosciutto en 16 carrés et faites-les revenir dans une poêle en remuant de temps en temps jusqu'à ce qu'ils soient croustillants.
7. Coupez la frittata en 48 morceaux, garnissez chaque morceau avec du prosciutto et 1/2 cuillerée à café de tomates séchées.

par portion 2,1 g de lipides ; 117 kJ (28 cal)

boulettes d'agneau et sauce piquante au yaourt

préparation 30 minutes + réfrigération **cuisson** 20 minutes **pour** 40 boulettes

40 g de boulgour

500 g d'agneau haché

1 œuf légèrement battu

1 oignon moyen (150 g) finement haché

40 g de pignons finement hachés

2 c. à s. de menthe fraîche finement hachée

2 c. à s. de persil plat finement haché

huile végétale pour friture

SAUCE PIQUANTE AU YAOURT

2 petits piments thaïs rouges frais finement hachés

1 c. à s. de menthe fraîche finement hachée

1 c. à s. de persil plat finement haché

1 c. à s. de coriandre fraîche finement hachée

1 gousse d'ail pilée

1/2 c. à c. de cumin moulu

500 g de yaourt ferme

1. Couvrez le boulgour d'eau froide dans un petit bol, laissez reposer 10 minutes. Égouttez, tamponnez avec du papier absorbant pour enlever le maximum d'eau.
2. Mélangez le boulgour dans un grand bol avec l'agneau, l'œuf, l'oignon, les pignons et les herbes. Façonnez les boulettes de la taille d'une bonne cuillerée de pâte. Placez les boulettes sur une plaque, couvrez et mettez 30 minutes au réfrigérateur.
3. Faites chauffer l'huile dans une grande poêle et faites-y frire les boulettes jusqu'à ce qu'elles soient cuites et bien dorées, en plusieurs tournées. Égouttez-les sur du papier absorbant.
4. Pendant ce temps, mélangez les ingrédients pour faire la sauce piquante au yaourt.
5. Servez les boulettes chaudes avec la sauce.

par boulette 3,1 g de lipides ; 180 kJ (43 cal)

tortilla espagnole

préparation 15 minutes **cuisson** 30 minutes **pour** 4 personnes

800 g de pommes de terre en fines rondelles
1 c. à s. d'huile d'olive
1 gros oignon (200 g) finement émincé
200 g de chorizo en fines tranches
6 œufs légèrement battus
300 ml de crème fraîche
4 oignons nouveaux grossièrement émincés
25 g de mozzarella grossièrement râpée
30 g de cheddar grossièrement râpé

1. Faites cuire les pommes de terre à l'eau bouillante, à la vapeur ou au micro-ondes jusqu'à ce qu'elles soient juste tendres. Égouttez-les.
2. Pendant ce temps, faites chauffer l'huile dans une poêle moyenne, faites revenir l'oignon en remuant jusqu'à ce qu'il soit tendre. Ajoutez le chorizo et faites-le cuire jusqu'à ce qu'il soit croustillant. Égouttez le tout sur du papier absorbant.
3. Battez les œufs dans un grand bol avec la crème, les oignons nouveaux, la mozzarella et le cheddar. Incorporez les pommes de terre et le chorizo.
4. Versez le mélange dans une poêle chaude légèrement huilée et faites cuire à couvert à feu doux pendant environ 10 minutes jusqu'à ce que la tortilla soit prise. Retournez-la doucement sur une assiette et faites-la glisser dans la poêle. Poursuivez la cuisson environ 5 minutes à découvert jusqu'à ce qu'elle soit bien cuite.

par portion 42,8 g de lipides ; 2 477 kJ (592 cal)

pizza turque à l'agneau et aux herbes

préparation 45 minutes + repos **cuisson** 35 minutes **pour** 4 personnes

3/4 de c. à c. de levure sèche
1 c. à c. de sucre blanc
180 ml d'eau chaude
300 g de farine
1 c. à c. de sel
vaporisateur d'huile
600 g d'agneau haché
1 c. à s. d'huile d'olive
1 petit oignon (80 g) finement émincé
1 gousse d'ail pilée
1/2 c. à c. de cannelle moulue
1 1/2 c. à c. de poivre de Jamaïque
40 g de pignons grossièrement hachés
70 g de pâte de tomates
2 tomates moyennes (300 g) épépinées, finement hachées
250 ml de bouillon de poulet
2 c. à s. de jus de citron
5 ou 6 branches de persil plat frais finement hachées
5 ou 6 branches de menthe fraîche finement hachées
140 g de yaourt à la grecque
2 c. à s. d'eau froide

1 Tamisez la levure et le sucre dans un petit bol, puis versez l'eau chaude, couvrez et laissez gonfler dans un endroit chaud pendant 15 minutes.

2 Mettez la farine et le sel dans un grand saladier, incorporez la levure diluée et travaillez jusqu'à obtenir une pâte homogène. Pétrissez-la sur un plan de travail fariné 10 minutes environ pour qu'elle soit lisse et élastique. Placez-la dans un grand plat huilé, tournez-la pour bien l'enrober d'huile, couvrez et laissez reposer 1 heure dans un endroit chaud, jusqu'à ce qu'elle double de volume.

3 Divisez la pâte en deux et pétrissez les deux parts jusqu'à ce qu'elles soient lisses puis étalez-les pour former des ovales d'environ 12 x 35 cm. Mettez chaque morceau sur une plaque légèrement huilée et vaporisez-les d'huile. Couvrez et laissez reposer dans un endroit chaud 30 minutes.

4 Préchauffez le four à 240 °C ou 220 °C pour le four à chaleur tournante.

5 Faites cuire l'agneau haché dans une grande poêle légèrement huilée en remuant, puis transférez-le dans un plat.

6 Faites chauffer l'huile dans une casserole, faites-y revenir l'oignon et l'ail en remuant jusqu'à ce que l'oignon soit tendre. Ajoutez les épices et les pignons, faites cuire en remuant 5 minutes environ pour que les pignons soient juste grillés. Incorporez la viande, la pâte de tomates, les tomates, le bouillon et le jus de citron. Faites cuire 5 minutes en remuant jusqu'à ce que le liquide soit presque entièrement évaporé. Retirez la casserole du feu et ajoutez les herbes.

7 Répartissez la garniture sur la pâte et enfournez à découvert pendant 15 minutes environ. Mélangez le yaourt et l'eau froide et servez nappé de cette sauce.

par portion 26,5 g de lipides ; 2 805 kJ (671 cal)

côtelettes d'agneau à la grecque sauce skordalia

préparation 20 minutes + réfrigération **cuisson** 10 minutes **pour** 4 personnes

1 c. à s. de thym frais finement haché
1 c. à s. de zeste de citron finement râpé
2 c. à c. de poivre noir moulu
1 c. à s. d'huile d'olive
1 c. à s. de jus de citron
2 gousses d'ail pilées
12 côtelettes d'agneau (480 g)
12 branches de thym frais

SKORDALIA
1 tranche de pain blanc frais sans la croûte
80 g de purée de pommes de terre
1 c. à s. de jus de citron
2 gousses d'ail pilées
1 c. à s. d'huile d'olive

1. Mélangez le thym, le zeste de citron, le poivre, l'huile, le jus de citron et l'ail dans un grand saladier. Ajoutez l'agneau et remuez pour bien l'enrober de marinade. Couvrez et placez au réfrigérateur pendant 3 heures ou toute une nuit.
2. Préparez la skordalia.
3. Faites cuire les côtelettes en plusieurs tournées sur un gril en fonte chaud huilé (ou sous le gril du four ou au barbecue) jusqu'à ce qu'il soit juste cuit.
4. Servez garni de skordalia et de branches de thym.

SKORDALIA Coupez la tranche de pain en quatre et faites-la tremper dans un bol d'eau froide pendant 2 minutes. Égouttez-la et pressez-la pour retirer le maximum d'eau. Mixez ou écrasez le pain, la purée, le jus de citron et l'ail jusqu'à obtention d'une purée lisse. Ajoutez l'huile en fin filet tout en continuant de mixer pour que la sauce soit homogène.

par portion 20,2 g de lipides ; 1 095 kJ (262 cal)

cigares au bœuf et aux figues

préparation 30 minutes **cuisson** 30 minutes **pour** 48 cigares

Vous pouvez préparer la garniture au bœuf la veille et la conserver à couvert au réfrigérateur.

20 g de beurre
1 oignon moyen (150 g) finement haché
1/2 c. à c. de cannelle moulue
2 gousses d'ail pilées
250 g de bœuf haché
150 g de figues sèches finement hachées
1 c. à s. de ciboulette fraîche finement ciselée
8 feuilles de pâte filo
vaporisateur d'huile
125 ml de sauce aux prunes

1. Faites fondre le beurre dans une grande poêle et faites-y revenir l'oignon, la cannelle et l'ail en remuant jusqu'à ce que l'oignon soit tendre. Incorporez le bœuf et poursuivez la cuisson en remuant jusqu'à ce qu'il soit doré. Ajoutez les figues et la ciboulette, mélangez bien et laissez refroidir 10 minutes.
2. Pendant ce temps, préchauffez le four à 200 °C ou 180 °C pour le four à chaleur tournante. Huilez deux plaques allant au four.
3. Huilez une feuille de pâte filo avec le vaporisateur, couvrez avec une autre feuille. Coupez les feuilles en trois bandes dans le sens de la longueur, puis coupez chaque bande en quatre dans le sens de la largeur.
4. Étalez 1 cuillerée à café de garniture sur la largeur d'un rectangle de pâte en laissant une bordure de 1 cm. Repliez cette bordure sur la garniture, repliez les bords des longueurs vers l'intérieur et roulez pour entourer la garniture. Placez les cigares sur les plaques, « fermeture » sur le dessous. Répétez ces opérations avec la pâte et la garniture restantes.
5. Huilez légèrement les cigares avec le vaporisateur. Faites cuire à découvert pendant 10 minutes jusqu'à ce qu'ils soient légèrement dorés. Servez avec la sauce aux prunes.

par cigare 0,9 g de lipides ; 146 kJ (35 cal)

bœuf au piment jalapeño sur galette de maïs

préparation 15 minutes + repos **cuisson** 40 minutes **pour** 36 galettes

2 piments jalapeño
125 ml d'eau bouillante
12 galettes de maïs de 17 cm de diamètre
huile végétale pour friture
1 c. à s. d'huile végétale, supplémentaire
1 petit oignon (80 g) finement émincé
1 gousse d'ail pilée
300 g de bœuf haché
1 c. à s. de pâte de tomates
250 ml de bière
5 ou 6 branches de coriandre fraîche grossièrement ciselées
120 g de crème fraîche

1. Dans un petit bol, recouvrez les piments avec l'eau bouillante et laissez reposer 20 minutes.
2. Pendant ce temps, découpez 3 disques de 7 cm de diamètre dans chaque galette. Faites chauffer l'huile dans un wok et faites-y frire les galettes, en plusieurs tournées, pour qu'elles dorent légèrement. Égouttez-les sur du papier absorbant.
3. Égouttez les piments au-dessus du petit bol, conservez le liquide. Ôtez et jetez le pédoncule et les graines. Mixez les piments et le liquide pour obtenir une purée homogène.
4. Faites chauffer la cuillerée d'huile supplémentaire dans une poêle et faites-y revenir l'oignon en remuant jusqu'à ce qu'il soit tendre. Ajoutez l'ail et le bœuf et poursuivez la cuisson jusqu'à ce que le bœuf change de couleur. Incorporez la pâte de tomates, la bière et la purée de piments. Portez à ébullition et laissez frémir à découvert pendant environ 15 minutes jusqu'à ce que le liquide soit presque entièrement évaporé. Ajoutez la coriandre.
5. Garnissez chaque galette de 1 cuillerée à café de bœuf au piment et de 1/2 cuillerée à café de crème fraîche.

par galette 3,1 g de lipides ; 288 kJ (69 cal)

VIANDES & VOLAILLES

empanadas au poulet et aux olives

préparation 25 minutes **cuisson** 40 minutes **pour** 24 empanadas

500 ml de bouillon de poulet
1 feuille de laurier
3 cuisses de poulet (600 g) désossées
1 c. à s. d'huile d'olive
1 petit oignon (80 g) finement haché
2 gousses d'ail pilées
2 c. à c. de cumin moulu
80 g de raisins secs
40 g d'olives vertes dénoyautées grossièrement hachées
5 rouleaux de pâte brisée
1 œuf légèrement battu

1. Portez à ébullition le bouillon de poulet avec la feuille de laurier et faites-y pocher le poulet à feu doux à couvert pendant environ 10 minutes. Laissez refroidir le poulet 10 minutes dans le bouillon puis coupez-le en lanières. Conservez 250 ml de bouillon et jetez le reste (ou gardez-le pour une autre recette).
2. Faites chauffer l'huile dans une poêle et faites-y revenir l'oignon en remuant jusqu'à ce qu'il soit tendre. Ajoutez l'ail et le cumin et poursuivez la cuisson jusqu'à ce que le mélange embaume. Ajoutez les raisins et les 250 ml de bouillon et portez à ébullition, puis laissez frémir pendant 15 minutes environ à découvert jusqu'à ce que le liquide soit presque entièrement évaporé. Incorporez le poulet et les olives.
3. Préchauffez le four à 200 °C ou 180 °C pour le four à chaleur tournante. Huilez deux plaques.
4. Découpez 24 disques de 9 cm de diamètre dans les rouleaux de pâte. Déposez au centre de chaque disque 1 cuillerée à soupe de garniture et repliez la pâte pour former un demi-cercle. Pincez les bords pour bien fermer les empanadas et décorez avec les dents d'une fourchette.
5. Placez les empanadas sur les plaques et badigeonnez-les avec l'œuf. Faites cuire environ 25 minutes à découvert pour qu'elles dorent légèrement. Vous pouvez les servir avec du yaourt.

par empanada 11,6 g de lipides ; 840 kJ (201 cal)

kibbe

préparation 40 minutes **cuisson** 25 minutes **pour** 25 kibbe

240 g de boulgour

250 g d'agneau haché

1/2 oignon moyen (75 g) finement haché

3 c. à c. de fleur de sel

huile d'olive pour friture

GARNITURE

30 g de beurre

125 g d'agneau haché

1/2 oignon moyen (75 g) finement haché

2 c. à s. de pignons grillés

1 long piment rouge frais finement haché

1 c. à c. de poivre de Jamaïque moulu

1/2 c. à c. de cannelle moulue

1/2 c. à c. de noix de muscade moulue

1/2 c. à c. de poivre blanc moulu

1 pincée de filaments de safran

1 bâton de cannelle

1 feuille de laurier

1. Faites tremper le boulgour 10 minutes dans de l'eau chaude, égouttez.
2. Mixez le boulgour, l'agneau, l'oignon et le sel pour obtenir une pâte homogène.
3. Préparez la garniture.
4. Formez des boulettes avec 1 1/2 cuillerée à soupe de pâte de boulgour. Creusez un petit trou au centre avec le doigt et remplissez-le d'une bonne cuillerée à café de garniture. Roulez la boulette pour la fermer et modelez-la en ovale. Répétez avec le reste de pâte de boulgour et de garniture.
5. Faites chauffer l'huile dans un wok et faites-y frire les boulettes pendant 2 minutes pour qu'elles soient bien dorées. Égouttez sur du papier absorbant.
   GARNITURE Faites chauffer le beurre dans une petite poêle, faites revenir l'oignon et l'agneau en remuant pour qu'ils dorent légèrement. Ajoutez les pignons, le piment, les épices et le laurier puis faites cuire 10 minutes en remuant. Retirez le bâton de cannelle et la feuille de laurier.

par kibbe 4,8 g de lipides ; 368 kJ (88 cal)

fondue de camembert

préparation 10 minutes **cuisson** 20 minutes **pour** 4 personnes

Vous pouvez également faire cuire le camembert dans du papier d'aluminium.

1 camembert (200 g)
1 c. à s. d'huile d'olive vierge extra
1 c. à s. de vin blanc sec
1 gousse d'ail pilée
1 c. à c. de feuilles de thym citronné
1 longue baguette en fines tranches

1. Préchauffez le four à 200 °C ou 180 °C pour le four à chaleur tournante.
2. Placez le camembert sur une grande feuille de papier sulfurisé, nappez-le d'huile et de vin blanc et parsemez avec le thym et l'ail. Repliez le papier pour enfermer le fromage. Placez-le sur une plaque allant au four.
3. Faites cuire 20 minutes environ jusqu'à ce que le cœur du camembert soit coulant.
4. Ouvrez le papier et servez accompagné de tranches de baguettes à tremper dans le camembert.

par portion 20,6 g de lipides ; 1 743 kJ (414 cal)

FROMAGE

assortiment de boulettes de fromage

préparation 40 minutes + réfrigération **pour** 64 boulettes

500 g de neufchâtel

500 g de fromage fermier

2 c. à c. de zeste de citron finement râpé

2 c. à s. de jus de citron

1/4 c. à c. de sel de mer

ENROBAGE AU POIVRE

1 1/2 c. à s. de graines de pavot

2 c. à c. de poivre noir concassé

ENROBAGE AU PERSIL

5 ou 6 branches de persil plat frais finement hachées

ENROBAGE AU SÉSAME

35 g de graines de sésame

ENROBAGE AU ZAATAR

1 c. à s. de sumac

1 c. à s. de graines de sésame grillées

1 c. à c. d'origan séché

1 c. à c. de marjolaine séchée

1 c. à c. de paprika doux

2 c. à c. de thym séché

1 Recouvrez 4 plaques de papier sulfurisé.
2 Mixez les ingrédients pour obtenir une pâte lisse. Réfrigérez 2 heures environ, jusqu'à ce que la pâte soit assez dure pour être roulée.
3 Façonnez des boulettes de la taille d'une bonne cuillerée à café de pâte, placez 16 boulettes sur chaque plaque, couvrez et mettez au réfrigérateur jusqu'à ce qu'elles soient fermes.
4 Mélangez tous les ingrédients de l'enrobage au poivre dans un petit bol et tous les ingrédients de l'enrobage zaatar dans un autre bol.
5 Roulez 16 boulettes de fromage dans chaque garniture. Servez froid.
pour 1 boulette enrobage poivre 4,5 g de lipides ; 217 kJ (52 cal)
pour 1 boulette enrobage persil 4,4 g de lipides ; 210 kJ (50 cal)
pour 1 boulette enrobage sésame 4,7 g de lipides ; 224 kJ (53 cal)
pour 1 boulette enrobage zaatar 4,5 g de lipides ; 217 kJ (52 cal)

tartines de chèvre aux herbes

préparation 15 minutes **cuisson** 5 minutes **pour** 6 personnes

1/2 baguette
60 ml d'huile d'olive vierge extra
2 gousses d'ail pilées
150 g de fromage de chèvre frais
1 c. à s. de ciboulette fraîche finement hachée
1 c. à s. de cerfeuil frais grossièrement haché
1 c. à s. d'huile d'olive vierge extra, supplémentaire
1 c. à c. de fleur de sel

1. Préchauffez le four en position gril.
2. Coupez la baguette en biais en tranches de 1 cm d'épaisseur. Disposez-les sur une plaque et badigeonnez-les du mélange d'huile d'olive et d'ail. Faites-les dorer légèrement des deux côtés sous le gril.
3. Remuez le fromage à l'aide d'une cuillère, incorporez les herbes, nappez de la cuillerée d'huile supplémentaire, en fin filet, et parsemez de fleur de sel. Servez avec les tranches de pain grillé.

par portion 10,4 g de lipides ; 598 kJ (143 cal)

bâtonnets de mozzarella frits

préparation 10 minutes **cuisson** 10 minutes **pour** 32 bâtonnets

150 g de farine
150 g de farine de maïs
2 œufs légèrement battus
375 ml d'eau
100 g de chapelure
500 g de mozzarella
huile végétale pour friture
DIP PIMENT PESTO
90 g de pesto aux tomates séchées
160 ml de sauce au piment douce

1. Préparez le dip piment pesto.
2. Travaillez la farine, la farine de maïs, les œufs et l'eau jusqu'à obtenir une pâte lisse. Mettez la chapelure dans un petit bol.
3. Coupez la mozzarella en bâtonnets de 1 cm de large.
4. Plongez les bâtonnets, un par un, dans la pâte et dans la chapelure, et recommencez pour enrober deux fois chaque bâtonnet.
5. Faites chauffer l'huile dans une poêle et faites-y frire les bâtonnets pour qu'ils soient bien dorés, en plusieurs tournées. Égouttez-les sur du papier absorbant.
6. Servez chaud avec le dip piment pesto.
   DIP PIMENT PESTO Mélangez les ingrédients dans un petit bol.

par bâtonnet 6,1 g de lipides ; 479 kJ (114 cal)

bocconcinis marinés et prosciutto

préparation 20 minutes + repos **pour** 40 piques

2 gousses d'ail pilées
1 long piment vert finement haché
80 ml d'huile d'olive
40 bocconcinis (600 g)
10 fines tranches de prosciutto (150 g)
1 poignée de basilic frais

1. Mélangez l'ail, le piment et l'huile dans un saladier moyen. Ajoutez le fromage et remuez pour bien l'enrober du mélange. Laissez reposer 30 minutes.
2. Coupez les tranches de prosciutto en deux dans la largeur, puis chaque morceau en deux dans la longueur.
3. Égouttez le fromage, réservez la marinade. Entourez chaque boule de fromage d'un morceau de prosciutto et d'une feuille de basilic. Faites tenir avec un cure-dents.
4. Servez nappé de la marinade.

par pique 3,7 g de lipides ; 188 kJ (45 cal)

halloumi grillé

préparation 5 minutes **cuisson** 5 minutes **pour** 8 personnes

L'halloumi est un fromage salé à pâte filée vendu dans les épiceries fines et dans la plupart des supermarchés.

1 c. à s. d'huile d'olive

400 g d'halloumi en fines tranches

2 c. à s. de piments verts en boîte, égouttés

1 citron moyen (140 g) en quartiers

125 g de grosses olives noires

125 g de grosses olives vertes

1. Faites chauffer l'huile dans une grande casserole puis faites cuire l'halloumi pour qu'il dore légèrement, en plusieurs tournées.
2. Disposez le fromage sur un plat de service avec le piment, les quartiers de citron et les olives. Vous pouvez servir ce plat avec du pain pita.
par portion 11,2 g de lipides ; 736 kJ (176 cal)

feta grillée

préparation 5 minutes **cuisson** 5 minutes **pour** 6 personnes

2 morceaux de feta de 150 g chacun

2 c. à s. d'huile d'olive

1 c. à c. de flocons de piment séché

1 c. à c. de feuilles d'origan séché

1. Préchauffez le four en position gril.
2. Mettez la feta sur une grande feuille de papier d'aluminium sur une plaque allant au four. Dans un bol, mélangez l'huile, les flocons de piment et l'origan. Badigeonnez la feta de cette sauce puis faites-la griller 5 minutes pour qu'elle dore légèrement. Laissez refroidir 5 minutes et coupez-la en fines tranches.
par portion 17,8 g de lipides ; 817 kJ (195 cal)

boulettes de risotto mozzarella tomates séchées

préparation 5 minutes **cuisson** 50 minutes + refroidissement **pour** 30 boulettes

500 ml de bouillon de poulet
125 ml d'eau
1 c. à s. d'huile d'olive
1 petit oignon (80 g) finement haché
1 gousse d'ail pilée
150 g de riz arborio
1 c. à s. de basilic frais finement haché
1 c. à s. de persil plat finement haché
2 c. à s. de tomates séchées finement hachées
60 g de mozzarella en cubes de 1 cm
25 g de chapelure
huile végétale pour friture

1. Portez à ébullition le bouillon et l'eau dans une casserole et laissez frémir à couvert.
2. Pendant ce temps, faites chauffer l'huile dans une autre casserole et faites revenir l'oignon et l'ail en remuant jusqu'à ce que l'oignon soit tendre. Versez le riz et remuez pour l'enrober d'oignon et d'huile. Ajoutez 250 ml de bouillon frémissant et laissez cuire à feu doux jusqu'à ce que le liquide soit absorbé. Répétez cette opération plusieurs fois jusqu'à ce que le riz soit juste tendre et tout le liquide absorbé. Le temps de cuisson total est d'environ 35 minutes. Incorporez les herbes et les tomates séchées, couvrez et laissez reposer 30 minutes.
3. Formez des boulettes de la taille d'une bonne cuillerée à café de risotto et mettez un cube de fromage au centre, en appuyant. Faites rouler les boulettes pour les fermer puis passez-les dans la chapelure.
4. Faites chauffer l'huile dans un wok et faites frire les boulettes pour qu'elles soient dorées et bien chaudes. Procédez en plusieurs tournées.

par boulette 2,5 g de lipides ; 201 kJ (48 cal)

brochettes de tomates, olives et bocconcini, sauce pesto

préparation 25 minutes **pour** 32 brochettes

32 longs cure-dents
40 g de parmesan finement râpé
80 g de pignons grillés
2 gousses d'ail pilées
250 ml d'huile d'olive vierge extra
3 bouquets de basilic frais effeuillés
16 tomates cerises coupées en deux
32 bocconcinis (480 g)
32 olives vertes moyennes dénoyautées

1. Mixez le parmesan, les pignons, l'ail et la moitié de l'huile d'olive jusqu'à obtention d'un mélange homogène. Ajoutez le basilic et le reste de l'huile et mixez pour obtenir une pâte presque lisse. Versez le pesto dans un bol de service.
2. Piquez 1/2 tomate, 1 bocconcini et 1 olive sur chaque cure-dent.
3. Servez les brochettes avec le pesto.

par brochette 2,2 g de lipides ; 142 kJ (34 cal)

tartelettes aux asperges et au chèvre

préparation 20 minutes **cuisson** 20 minutes **pour** 24 tartelettes

3 rouleaux de pâte brisée
10 g de beurre
150 g d'asperges finement hachées
2 gousses d'ail pilées
1 c. à s. de feuilles de thym frais finement hachées
150 g de fromage de chèvre frais
2 œufs légèrement battus
160 ml de crème

1. Préchauffez le four à 200 °C ou 180 °C pour le four à chaleur tournante. Huilez 24 petits moules à tartelette de 40 ml (2 cuillerées à soupe).
2. Découpez 24 disques de 7 cm de diamètre dans les rouleaux de pâte et garnissez-en les moules.
3. Faites chauffer le beurre dans une petite poêle, faites-y cuire les asperges, l'ail et la moitié du thym en remuant pendant 5 minutes jusqu'à ce que les asperges soient tendres. Répartissez les légumes et le fromage sur les fonds de tartelette.
4. Mélangez les œufs et la crème dans un petit récipient puis versez sur la garniture dans chaque moule. Parsemez avec les feuilles de thym restantes.
5. Faites cuire au four à découvert pendant 15 minutes jusqu'à ce que les tartelettes soient légèrement dorées.

par tartelette 10,4 g de lipides ; 598 kJ (143 cal)

GLOSSAIRE

AMANDE Noix plate et pointue, de couleur blanc crème, enveloppée d'une peau marron et entourée d'une coque trouée.
Effilée Amande coupée en fines lamelles dans le sens de la longueur.
ARTICHAUT Gros bouton floral d'une plante de la famille des chardons, aux feuilles dures, en partie comestible quand il est cuit.
AUBERGINE Légume à la peau couleur violette. Parfois vendu grillé en boîte.
Petite aubergine Également appelée aubergine japonaise, elle est très courte et fine et peut donc être cuisinée sans la faire dégorger.
BEURRE Utilisez du beurre salé ou du beurre doux. Une plaquette de beurre équivaut à 125 g.
BICARBONATE DE SOUDE ou bicarbonate de sodium. Utilisé comme agent levant.
BOULGOUR Également appelé bourghoul. Grains de blé séchés débarrassés de leur enveloppe, cuits à la vapeur puis concassés en morceaux de différentes tailles. Ne pas confondre avec le blé concassé.
CAILLE Petit gibier à plumes (entre 250 et 300 g) au goût délicat.
CÂPRES Boutons gris vert d'un arbuste poussant dans les climats chauds (souvent en Méditerranée). Elles sont vendues soit séchées et salées, soit conservées dans la saumure.
CARDAMOME Épice vendue en gousses entières, en grains ou moulue. Son arôme particulier, à la fois doux et riche, en fait l'une des épices les plus chères au monde.
CERFEUIL Herbe aromatique au goût proche de celui du fenouil et aux feuilles roulées de couleur vert foncé.
CHAMPIGNONS
Champignons de Paris Petits champignons blancs cultivés, au goût léger et délicat. À utiliser quand le type de champignon n'est pas spécifié dans une recette.
Champignon plat Gros champignon à chapeau plat, au goût de terre prononcé, idéal pour être farci ou cuit au barbecue.
Creminis Champignons marron clair au goût uniforme. Ils peuvent être remplacés par des champignons de Paris.
Shiitake Également appelés champignons noirs quand ils sont frais. Champignons cultivés, ils gardent cependant le goût de terre propre aux champignons sauvages. Grands champignons à la texture proche de celle de la viande, qu'ils remplacent souvent dans certains plats végétariens asiatiques. Ils peuvent être vendus séchés et doivent alors être réhydratés avant d'être cuisinés.
CHAPELURE
En sachet Mie de pain séchée finement, broyée, croustillante, achetée toute prête.
Maison Chapelure fabriquée en râpant, en écrasant ou en mixant du pain vieux d'un ou de deux jours.
CHORIZO Saucisse d'origine espagnole, à base de porc haché, assaisonné avec beaucoup d'ail et de piment.
CINQ-ÉPICES Mélange parfumé d'épices moulues (cannelle, clou de girofle, anis étoilé, poivre du Sichuan et graines de fenouil).
CONCOMBRE LIBANAIS Concombre court et mince, à la peau fine, probablement le plus répandu au monde grâce à sa chair tendre comestible, ses graines molles et son goût doux et frais.
CORIANDRE Également appelée persil chinois. Herbe aromatique aux feuilles de couleur vert vif au goût âcre. La cuisine thaïlandaise utilise également les tiges et les racines. Lavez-la bien avant de la cuisiner. Ne remplacez pas la coriandre fraîche par de la coriandre moulue ou des graines (ou inversement) car leurs goûts sont complètement différents.
CORNICHON Tout petit concombre conservé dans la saumure.
COURGETTE Petit légume vert foncé, vert clair, blanc ou jaune appartenant à la famille des courges. Quand elle est récoltée de manière précoce, ses fleurs peuvent être consommées farcies puis frites ou cuites au four.
CRÈME FRAÎCHE Crème fermentée naturellement (35 % de matières grasses minimum), à la texture onctueuse et au goût de noisette, légèrement piquant. Spécialité française qui ressemble à la crème aigre, la crème fraîche peut bouillir sans cailler et peut être utilisée aussi bien pour cuisiner des plats salés que sucrés.
CUMIN Graine séchée d'une plante de la famille des persils au goût de noix, légèrement piquant. Vendu en graines ou séché et moulu.
CURCUMA Rhizome apparenté au galanga et au gingembre. Il doit être râpé ou pilé pour libérer son arôme plutôt âcre et piquant.
ENDIVE Légume de forme allongée, aux feuilles blanches et pointes jaunes, serrées les unes contre les autres et au goût délicatement amer.
FARINE
Farine de pois chiches, à base de pois chiches moulus. Sans gluten et très riche en protéines. Utilisée dans la cuisine indienne pour faire les chappatis.
Farine de blé peut être utilisée pour tout.
Farine à levure incorporée Farine enrichie de levure chimique à raison de 2 cuillerées à café de levure pour 150 g de farine.
FENOUIL Légume vert croquant, ressemblant au céleri. Peut être mangé cru en salade, frit en accompagnement, incorporé dans une sauce pour accompagner des pâtes ou dans une soupe. On vend également des graines de fenouil séchées, au goût anisé très prononcé.
FEUILLES DE VIGNE Fraîches, elles sont vendues chez les primeurs dès le début du printemps. Vous pouvez les acheter en boîte, marinées dans la saumure, dans les épiceries orientales et certaines épiceries fines. Rincez-les bien avant de les cuisiner.
FROMAGES
Bleu Fromage dont la pâte est ensemencée avec une moisissure qui lui donne des veines bleues. Il existe différentes variétés de bleus, du fromage à pâte ferme et friable, tel que le stilton, au fromage à pâte molle et au goût peu prononcé ressemblant au brie.
Bocconcini Petite boule de mozzarella dont le nom vient de l'italien *boccone* qui signifie « bouchée ». Fromage de la taille d'une noix, à pâte demi-ferme, de couleur blanche, traditionnellement à base de lait de bufflone. Il s'abîme rapidement et doit donc être

conservé au réfrigérateur dans la saumure pendant 1 à 2 jours au maximum.
Cheddar Fromage le plus consommé au monde, à base de lait de vache, à pâte mi-dure dont la couleur varie du blanc au jaune pâle, dont le goût devient plus prononcé en vieillissant.
Chèvre Fromage à base de lait de chèvre, au goût prononcé et terreux. Sa texture peut être crémeuse, friable ou dure, et sa forme et sa taille sont variables. Il peut être cendré ou roulé aux herbes.
Feta Fromage affiné, à base de lait de brebis ou de chèvre, friable, au goût salé et prononcé. Conservé dans du lactosérum salé.
Fontina Fromage à pâte ferme et lisse, au goût de noix, à la croûte de couleur rouge ou marron.
Halloumi Fromage à base de lait de brebis, à pâte ferme, de couleur crème, élevé dans la saumure. Son goût ressemble à celui de la feta, en plus frais et plus salé. Il peut être grillé ou frit rapidement sans se casser.
Mozzarella Fromage à pâte molle filée, à base de lait de vache. Originaire du sud de l'Italie où il est traditionnellement fabriqué à base de lait de bufflone. Fromage à pizza très répandu car il fond à basse température et prend alors une texture élastique. Il est plus utilisé pour sa consistance particulière que pour son goût peu prononcé.
Parmesan Également appelé parmigiano. Fromage à pâte dure et granuleuse fabriqué à partir de lait de vache. Originaire de la région de Parme, en Italie, il peut être râpé ou coupé en copeaux et servi avec des pâtes, dans une salade ou une soupe. Le Regiano, le meilleur parmesan, n'est fabriqué que dans la région d'Émilie-Romagne, où on le laisse vieillir pendant deux ans au minimum.
Ricotta Fromage frais et doux, à pâte molle, légèrement granuleuse, de couleur blanche, à base de lait de vache. Il est pauvre en matières grasses (environ 8,5 %). Le terme *ricotta* signifie « recuit », en référence à son processus de fabrication à partir du lactosérum, qui est un sous-produit issu de la fabrication d'un autre fromage.

FRUITS DE MER
Calamar Type d'encornet qui peut être remplacé par des petits poulpes.
Crevettes Il existe plusieurs sortes de crevettes, parmi lesquelles les bouquets, les crevettes royales, les crevettes royales roses, les crevettes tigres. Vendues crues ou cuites, décortiquées ou entières.
Encornet Type de mollusque également appelé calamar. Achetez-les parés pour rendre la préparation et la cuisson plus rapides.
Huîtres Il existe une grande variété d'huîtres, dont les huîtres du Pacifique, les huîtres à lèvre noire et les rock oysters de Nouvelle-Zélande et de Sidney.
Merlan Également appelé merlu. Peut être remplacé par de la brème.
Moules Elles doivent être achetées dans une poissonnerie de confiance, bien fermées (ce qui indique qu'elles sont vivantes). Avant de les cuisiner, brossez-les avec une brosse dure et ébarbez-les. Jetez toutes celles qui ne sont pas ouvertes à la fin de la cuisson. Il existe des moules noires et vertes.
Noix de Saint-Jacques Mollusque bivalve dont la valve inférieure est bombée. Nous utilisons des noix de Saint-Jacques avec corail, sauf indication contraire.
Poulpe Les poulpes sont souvent attendris avant d'être vendus. Comme les encornets, ils doivent soit être cuits à feu doux pendant plusieurs heures (quand ils sont gros), soit être saisis à feu vif (quand ils sont petits). Une cuisson intermédiaire les rend durs et caoutchouteux.
Sashimi Morceaux de poisson cru dont la peau et les arêtes ont été retirées.

FRUIT DU CÂPRIER
Fruit de la taille d'une olive, qui se forme après floraison des boutons de câprier. Vendus conservés dans la saumure.

GINGEMBRE
Également appelé gingembre vert ou racine. Racine noueuse et épaisse d'une plante tropicale. Pelé, il peut être conservé dans une boîte au réfrigérateur recouvert de xérès ou congelé, emballé dans un sachet. Le gingembre moulu ou en poudre est utilisé comme arôme dans des gâteaux, tartes ou puddings mais ne peut pas remplacer du gingembre frais.
Gingembre mariné De couleur rouge ou rose, il est vendu dans les épiceries asiatiques. De fines lamelles de gingembre marinent dans un mélange de vinaigre et de sucre. Très utilisé dans la cuisine japonaise.

HARICOTS
Blancs Également appelés haricots de Lima. Haricots gros et plats, en forme de rein, de couleur blanc cassé, à la texture farineuse et au goût léger. Vendus secs ou en boîte.
Fèves Vendues sèches, fraîches, en boîte ou surgelées. Les fèves fraîches doivent être écossées et débarrassées de leur peau épaisse de couleur beige vert. Les fèves surgelées sont écossées, mais il faut retirer la peau.

HOUMOUS
Dip à base de pois chiches secs ramollis, d'ail, de jus de citron et de tahini (pâte de sésame). Vendu tout prêt en supermarchés et épiceries fines.

HUILE
D'olive Fabriquée avec des olives mûres. Les huiles vierge extra et vierge sont, respectivement, les huiles de première et deuxième pression, et sont considérées comme les meilleures. Les huiles extra légère et légère sont diluées et le terme légère fait référence au goût, non à la teneur en lipides.
Vaporisateur d'huile Nous utilisons un vaporisateur d'huile sans cholestérol, à base d'huile de colza.
Végétale Toute huile issue de plante, par opposition aux graisses animales.

KUMARA
Nom d'origine polynésienne donné à une patate douce, à chair orangée, souvent confondue avec l'igname.

LEVURE
Agent levant utilisé pour préparer des pâtes à pain, gâteau, etc. La levure en sachet (7 g) et la levure fraîche (bloc de 20 g) peuvent souvent être substituées l'une à l'autre.

MAYONNAISE AUX ŒUFS ENTIERS
Mayonnaise toute prête de bonne qualité, préparée avec des œufs entiers (doit être mentionné sur l'étiquette). Doit être conservée au réfrigérateur. Certaines mayonnaises industrielles sont fabriquées avec des émulsifiants tels que l'amidon, le gel de cellulose ou d'autres épaississants qui permettent d'obtenir une consistance ferme et crémeuse.

MOUTARDE
Moutarde à l'ancienne Moutarde à la française, avec grains. Elle est fabriquée avec de la moutarde de Dijon et des grains de moutarde écrasés.
Moutarde anglaise Moutarde jaune foncé, piquante et âcre, servie avec du rosbif ou du jambon et délicieuse avec des fromages à pâte dure.
Moutarde de Dijon Moutarde française, douce et crémeuse, de couleur jaune clair.

NOIX DE COCO
Crème Obtenue de la première pression de la chair de coco, sans addition d'eau.
Lait Liquide dilué obtenu après la seconde pression de la chair de coco mûre râpée (moins riche que la crème). Ne pas confondre avec l'eau de coco, qui est le liquide qui se trouve dans la noix.

OIGNONS

Ciboule Également appelé oignon nouveau. Oignon cueilli avant que le bulbe ne soit formé. Il a une longue tige verte comestible.

Échalote Petit bulbe allongé à la peau marron appartenant à la famille des oignons. Les échalotes poussent en gousses serrées, comme l'ail.

Oignons jaunes ou blancs Ces oignons peuvent être remplacés l'un par l'autre. Leur chair piquante parfume de nombreux plats.

Oignon rouge Également appelé oignon d'Espagne. Gros oignon de couleur violet rouge, au goût légèrement sucré.

Oignon vert Oignon à tige verte, fine et croustillante et au bulbe blanc rond plus gros que celui de la ciboule.

Petits oignons Oignons blancs appartenant à la famille des oignons « séchés », conservés dans la saumure.

OLIVES

Olives de Kalamata Petites olives noires au goût prononcé, conservées dans la saumure.

Olives de Nice Petites olives noires.

PAIN

Ciabatta Pain au levain, à la croûte croustillante et mie blanche, qui doit son nom (qui signifie « pantoufle » en italien) à sa forme traditionnelle.

Pain pita Également appelé pain libanais. Pain à base de farine de blé, de forme ronde et plate, qui se sépare en deux fines galettes et qui peut être fourré.

Petits toasts Petites tranches de pain grillé. Vendus dans la plupart des supermarchés et épiceries fines.

PANCETTA Bacon italien, non fumé. Poitrine de porc salée et épicée puis roulée en forme de saucisse et mise à sécher pendant plusieurs semaines. Elle est plus souvent utilisée en tranches ou en dés dans une recette que mangée seule. Elle peut également être utilisée pour donner du goût et attendrir des morceaux de viande sèche ou dure.

Pancetta épicée Poitrine de porc maigre, salée et saumurée puis épicée et roulée pour former un gros saucisson. Utilisée dans les sauces pour accompagner les pâtes ou les plats à base de viande.

PAPRIKA Poivron rouge séché et broyé. Il existe de grandes variétés de paprika : doux, fort, moyen, fumé, etc.

PÂTE

Pâte brisée prête à l'emploi Rouleau de pâte brisée, vendu au rayon frais ou surgelé des supermarchés. Type de pâte très facile à préparer et moins riche que les autres. Traditionnellement fabriquée en mélangeant du beurre et de la farine, à la main, jusqu'à ce que le mélange ressemble à de la chapelure.

Pâte feuilletée prête à l'emploi Rouleau de pâte feuilletée, emballé, vendu au rayon frais ou surgelé des supermarchés.

Pâte filo Très fines feuilles de pâte vendues au rayon frais ou surgelé. Très faciles à utiliser, elles se prêtent à toute sorte de plats, aussi bien salés que sucrés.

Pâte pour rouleaux de printemps Il en existe de différentes tailles. Vendue fraîche ou surgelée dans les épiceries asiatiques.

PERNOD Alcool au goût anisé généralement consommé avec des glaçons, dilué dans de l'eau, ce qui lui donne une couleur blanc cassé.

PERSIL PLAT, également appelé persil européen ou persil italien.

PIDE Également appelé pain turc. Pain préparé en grandes miches plates (environ 45 cm) ou en petit pain rond individuel. À base de farine de blé, il est garni de graines de sésame ou de cumin noir.

PIGNONS DE PIN Ce ne sont pas des noix mais de petites graines, de couleur crème, que l'on trouve dans les pommes de pin.

PIMENT Il en existe différentes tailles et types. Vendu frais ou séché. En général, plus il est petit, plus il est fort. Protégez vos mains de gants en caoutchouc pour les épépiner et les couper car les piments frais peuvent vous brûler.

Flocons de piment séché Lamelles et graines entières de piment déshydraté, de couleur rouge foncé, utilisées lors de la cuisson ou en tant que condiment pour garnir un plat.

Piment de Cayenne Piment long et fin, extrêmement fort. Vendu séché ou moulu.

Piment jalapeño Piment fort, vendu séché et fumé, en boîte.

Piment thaï Petit piment très fort, de couleur rouge vif.

Sauce au piment douce Voir Sauces.

POIS CHICHE Légumineuse de forme arrondie et de couleur beige. Très répandu dans la cuisine méditerranéenne, indienne et hispanique. Même cuit, il reste ferme et a une texture légèrement farineuse et un goût de noix. Vendu en boîte ou sec (il doit alors être trempé pendant plusieurs heures avant d'être cuisiné).

POIVRE DE JAMAÏQUE Également appelé tout épices ou piment de Jamaïque. Vendu en grains ou moulu, son arôme rappelle celui de la cannelle, de la muscade et du clou de girofle.

POIVRON Il peut être rouge, vert, jaune, orange ou violet foncé. Veillez à ôter les graines et les membranes avant de le cuisiner.

POLENTA Céréale ressemblant à de la farine, fabriquée à partir de maïs broyé, similaire à la semoule de maïs mais plus épaisse et plus foncée. La polenta est également un plat à base de farine de maïs.

POMME DE TERRE

Kipfler Petite pomme de terre oblongue au goût de noix, excellente cuite et en salade.

PROSCIUTTO Jambon italien non fumé, salé et séché à l'air, souvent consommé cru.

RIZ

Arborio Riz aux grains ronds, de petite taille, qui absorbent très bien le liquide, ce qui le rend idéal pour préparer le risotto.

Basmati Riz blanc très parfumé, aux longs grains qui gonflent lorsqu'ils sont cuits. Rincez-le plusieurs fois avant la cuisson.

Riz au jasmin Également appelé riz au jasmin thaï. Riz aux longs grains blancs, connu dans le monde entier pour son arôme particulier. Les grains se collent les uns aux autres quand il est cuit. Il est parfois remplacé par du riz basmati.

SAMBAL OELEK Également appelé sambal ulek ou olek. Condiment d'origine indonésienne, à base de piments broyés et de vinaigre.

SAUCES

Sauce au piment douce Sauce peu piquante de type thaïlandais, à base de piments rouges, de sucre, d'ail et de vinaigre de vin blanc.

Sauce char siu Sauce barbecue chinoise à base de sucre, d'eau, de sel, de pâte de germes de soja fermentés, de miel, de sauce de soja, de sirop de malt et d'épices. Vendue dans la plupart des supermarchés.

Sauce de soja À base de germes de soja fermentés. La sauce de soja légère est de couleur claire et assez salée, mais il existe de la sauce de soja allégée en sel. La plupart des supermarchés et des épiceries asiatiques en proposent différentes sortes.

Sauce Worcestershire Sauce épicée, peu dense, de couleur marron foncé, utilisée comme assaisonnement et condiment.

Tabasco Nom de marque d'une sauce très forte à base de vinaigre, de piments rouges forts et de sel.

SUCRE

Sucre blanc Sucre de table blanc, en poudre.
Sucre de palme Fabriqué à partir de la sève de palmier. Sucre de couleur marron foncé à noir, généralement vendu en bloc dans les épiceries asiatiques. Il peut être remplacé par du sucre roux.
Sucre roux Sucre très fin, fabriqué à partir de mélasse, prisé pour sa couleur et son goût particulier.
Sucre semoule Sucre de table aux grains très fins.

SUMAC Épice au goût astringent, de couleur rouge profond, obtenue à partir de baies moulues d'un arbuste des régions méditerranéennes. Donne un arôme piquant et citronné. Vendu dans la plupart des épiceries orientales.

TAHINI Pâte de sésame utilisée dans de nombreuses recettes libanaises, telles que le houmous. Vendue dans les épiceries orientales.

TOFU Produit de couleur blanc cassé fabriqué à partir du « lait » de soja (germes de soja pressés). Frais, il peut être ferme ou mou. Il peut aussi être transformé, frit ou pressé en feuilles fines. Le tofu frais peut être conservé dans de l'eau 4 jours au réfrigérateur, en changeant l'eau tous les jours. Le tofu soyeux est appelé ainsi en raison de son processus de fabrication qui consiste à filtrer le « lait » de soja à travers un linge en soie, ce qui atteste de la qualité du tofu.

VIANDE HACHÉE Bœuf, veau, agneau, porc ou poulet haché.

VINAIGRE

Vinaigre balsamique Vinaigre fabriqué à partir de moût de vin des cépages Trebbiano travaillé de manière particulière puis vieilli en fûts de chêne, ce qui lui confère son goût légèrement piquant. Il provient à l'origine de Modène, en Italie, mais aujourd'hui on trouve de nombreux vinaigres balsamiques dont l'âcreté et la qualité varient selon leur durée de vieillissement.
Vinaigre de framboise Vinaigre à base de framboises fraîches marinées dans du vinaigre de vin blanc.
Vinaigre de vin blanc Vinaigre fabriqué à partir de vin blanc.

VODKA Alcool incolore distillé à partir de céréales telles que l'orge, le blé et le seigle. Existe aussi parfumée aux agrumes.

WASABI Sorte de raifort asiatique utilisé dans la préparation de la sauce piquante, de couleur verte, traditionnellement servie avec les poissons crus au Japon. Vendu en poudre ou sous forme de pâte.

TABLE DES RECETTES

DIPS 6
- dip de haricots blancs et croustillants de pita 6
- trio de dips 8
- pistou (dip au basilic) 8
- tapenade (dip aux olives) 8
- anchoïade (dip aux anchois) 8
- baba ganoush (dip aux aubergines) 11
- guacamole 11
- dip d'épinards à la turque 12
- fromage frais au piment doux 15
- houmous 15
- dip au bleu et oignon caramélisé 16
- dip au crabe 16
- dip à la ricotta et aux olives vertes 19
- dip à la betterave 19

LÉGUMES 20
- fleurs de courgettes farcies au risotto 20
- trio d'asperges 22
- asperges à l'ail et aux anchois 22
- asperges au beurre et au parmesan 22
- asperges au vinaigre balsamique 22
- mini frittatas aux courgettes 25
- cœurs d'artichaut en vinaigrette au vin blanc 25
- pakora de pois chiches et raïta à la coriandre 26
- beignets au chèvre et aux pommes de terre 29
- champignons à l'ail 29
- beignets de légumes et tzatziki 30
- potatoes à la cajun 33
- tartines à l'ail, feta et champignons 33
- légumes grillés et salade d'halloumi 34
- olives chaudes à l'ail, piment et origan 37
- falafels 37
- salade fattoush 38
- bruschetta à l'aubergine et aux olives 41

PRODUITS DE LA MER 42
- petite friture 42
- carpaccio de thon, saumon et lampris 44
- crevettes citron vert et coco 47
- moules grillées à l'ail 47
- encornets au sel et au piment 48
- bruschetta à la niçoise 51
- poulpes au piment et à l'ail 51
- calamars farcis à la feta et au piment 52
- saumon gravlax à la vodka 55
- huîtres à la salsa tomates poivrons 55
- poisson fumé et antipasti de légumes 56
- huîtres au beurre au pesto 59
- mini brochettes de Saint-Jacques et citron vert 59
- crevettes au sel et au poivre 60
- coquilles Saint-Jacques au fenouil sauce pernod 63
- rösti et saumon fumé 64

VIANDES & VOLAILLES 66
- antipasti 66
- trio de pizzas 68
- brochettes d'agneau et halloumi 71
- porc givré à l'ananas 71
- feuilles de vigne farcies au veau et à la tomate 72
- crostini de bœuf rôti et oignons caramélisés 75
- triangles d'agneau épicé et pignons 75
- feuilletés au curry et dip au chutney 76
- carpaccio de bœuf, roquette, parmesan et aïoli 79
- cailles grillées sauce à l'ail 80
- frittata au prosciutto et asperges 83
- boulettes d'agneau et sauce piquante au yaourt 84
- tortilla espagnole 87
- pizza turque à l'agneau et aux herbes 88
- côtelettes d'agneau à la grecque sauce skordalia 91
- cigares au bœuf et aux figues 92
- bœuf au piment jalapeño sur galette de maïs 95
- empanadas au poulet et aux olives 96
- kibbe 97

FROMAGE 100
- fondue de camembert 100
- assortiment de boulettes de fromage 102
- tartines de chèvre aux herbes 105
- bâtonnets de mozzarella frits 105
- bocconcinis marinés et prosciutto 106
- halloumi grillé 109
- feta grillée 109
- boulettes de risotto mozzarella tomates séchées 110
- brochettes de tomates, olives et bocconcini, sauce pesto 113
- tartelettes aux asperges et au chèvre 113

marabout chef

réussite garantie • recettes testées 3 fois

Vous avez choisi "tapas, mezze & antipasti", découvrez également :

 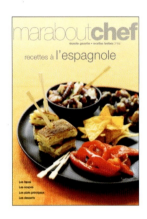  

Et aussi :

ENTRES AMIS
Apéros

RAPIDES
Recettes au micro-ondes
Recettes de filles
Salades pour changer

CUISINE DU MONDE
Spécial Wok
Cuisine thaï pour débutants
Recettes chinoises
Sushis et Cie
À l'italienne
Cuisiner grec

CLASSIQUES
Pain maison
Grandes salades
Recettes de famille
Spécial pommes de terre
Pasta
Tartes, tourtes et Cie

PRATIQUE
Recettes pour bébé
Cuisiner pour les petits

SANTÉ
Boulgour, quinoa
& graines germées
Cuisine bio
Recettes Detox
Recettes rapides et légères
Recettes pour diabétiques
Recettes anti-cholestérol
Recettes minceur
Recettes bien-être
Tofu, soja et Cie
Recettes végétariennes

GOURMANDISES
Les meilleurs desserts
Tout chocolat...

Pour l'éditeur, le principe est d'utiliser des papiers composés de fibres naturelles, renouvelables, recyclables et fabriquées à partir de bois issus de forêts qui adoptent un système d'aménagement durable. En outre, l'éditeur attend de ses fournisseurs de papier qu'ils s'inscrivent dans une démarche de certification environnementale reconnue.

Publié pour la première fois en Australie sous le titre *Tapas mezze antipasto & other bites*.
Traduit de l'anglais par Anne-Claire Levaux

Mise en pages : Christophe Vallée pour Domino

Photos de 2e et 3e de couverture et page 1 : © Frédéric Lucano, stylisme : Sonia Lucano
© 2006 ACP Magazines Ltd
© 2008 Marabout / Hachette Livre

Toute reproduction d'un extrait quelconque de ce livre par quelque procédé que ce soit et notamment par photocopie, numérisation ou microfilm, est interdite sans l'autorisation écrite de l'éditeur.
Dépôt légal - janvier 2008/40 4554 8- ISBN : 978-2-501-05719-6 - édition 01 / Imprimé en Espagne par Estella Graficas.